정서적 통제와 온전함을 회복하기 위한 자기치유 심신 접근법

복합-PTSD 워크북

The Complex PTSD Workbook

A Mind-Body Approach to Regaining Emotional
Control and Becoming Whole

Arielle Schwartz · Jim Knipe 공저 | 김현아 · 김연희 · 최은실 공역

학지사

역자 서문

　최근 전 세계적으로 경험하고 있는 코로나19나 하루가 멀다 하고 우리를 위협하는 각종 재난 사건들은 현대인에게 일상을 유지하고 평범한 삶을 살아간다는 것이 얼마나 소중한지를 일깨워 준다. 이러한 사건, 사고들은 일상을 뒤흔들며 우리에게 심신의 상처와 흔적을 남기기도 하고, 묻어 두었던 과거의 외상적 경험을 수면 위로 떠오르게 한다. 그러나 대부분의 사람은 이러한 사건이 개인의 심신에 미치는 영향에 대해 잘 인식하지 못하고, 인지하더라도 어떻게 대처해야 할지 몰라 외면하곤 한다. 특히 아동기에 경험한 심신의 외상은 개인의 사회 · 정서적 적응과 건강에 지대한 영향을 미칠 수 있다. 아동기의 외상 경험으로는 극도의 학대와 방임에 노출되는 것부터 가족이나 학교에 소속감을 느끼지 못하거나 스스로를 원치 않는 존재라고 느낀다든지, 오랫동안 이해받지 못하는 경험 등으로 다양하다. 이러한 아동기 외상 경험에서 비롯되는 징후와 그 증상들을 알지 못한 채 성인이 된 후에도 트라우마를 반복하는 경우가 많다.

　역자들은 오랜 기간 아동학대 피해자, 가정폭력 피해자, 난민, 북한이탈주민, 재난 피해자 등 다양한 트라우마를 경험한 내담자들을 치료하면서 생각보다 많은 사람이 다양한 외상 경험에 노출되었으며, 치유되지 못한 채 살아간다는 것을 지켜봐 왔다. 그리고 이러한 외상 경험에 대한 심리치료가 쉽지 않을뿐더러 이들을 위해 다른 접근이 필요하다는 문제의식을 느끼기 시작했다. 역자들은 이 책을 통해 각종 트라우마로 지친 사람들에게 마음에 위로를 줄 수 있는 자기치유의 여정을 시작할 것을 권하고 싶다. 만약 당신이 과거에 트라우마를 경험했다면 마음속에 불안이나 우울, 두려움, 분노, 상실과 같은 감정이 압도하여 일상생활이 무너지거나 정서적으로 차단된 느낌을 경험했을 수 있다. 다른 사람들과의 관계가 어렵거나 뚜렷한 원인 없이 잦은 질병이나 만성적 통증으로 생활에 어려움을 겪고 있을 수도 있다. 어쩌면 당신은 이미 이런 증상이 아동기나 성장 과정에서 겪은 트라우마와 관련이 있을 것이라는 의심을 하고 있을지도 모른다. 혹시 그동안 이런 문제들로 고통받아 왔다면 지금이 바로 자신을 돌보고 치유해야 할 때이다. 자신을 돌보고 치유의 여정을 결단했다면 이 책은 당신을 위한 것이다.

일반적으로, 아동기의 트라우마든 재난적 사건으로 인한 트라우마든 자신의 치유 과정에 심리치료가 도움이 된다는 것을 알면서도 꺼려하는 이유는 무엇일까? 자신의 오래된 상처를 끄집어내서 대면하는 것은 상당한 용기가 필요하다. 어렵게 용기를 내어 상담실을 찾았지만 심리치료사의 접근이 너무 급진적이거나 또다시 트라우마를 경험하게 만든다면 상담 공간은 안전하지 못하다. 그만큼 오래된 발달적 외상을 포함한 복합-PTSD를 안전하고 효과적으로 다루기가 어렵다는 뜻이다. 이 책의 저자인 슈워츠 박사는 이 책에서 그러한 복합-PTSD에 대하여 친절히 설명하고 있다.

슈워츠 박사는 트라우마 치료자이자 저술가로 저명한 심리학자이다. 트라우마로부터 회복과 치유에 관한 그녀의 여러 저서가 아마존 베스트셀러에 올라 있어 심리치료사와 일반 독자들에게 널리 인정받고 있다. 이 책도 아마존에서 외상 경험에 대한 자기 치유 서적으로 베스트셀러에 올라와 있다. 슈워츠 박사는 EMDR과 요가 전문가로서 오랜 임상적 경험을 통해 심-신 통합적 접근을 제시하고 있다. 또한 그녀는 트라우마 피해자들을 희생자로 보기보다는 개인이 갖고 있는 강점과 회복 탄력성을 기반으로 하여 외상을 치유할 수 있다고 제안한다. 역자들은 이렇게 몸과 마음을 함께 다루면서 강점을 기반으로 한 안전한 치료적 접근법에 매력을 느껴 이 책을 번역하게 되었다.

이 책은 미해결된 아동기 트라우마로 인한 여러 심리 · 정서 · 신체적 증상의 유형들에 대해 중요한 통찰을 갖게 하며, 트라우마를 경험한 3명의 구체적인 사례를 통해 이들의 치유 방식과 과정을 소개함으로써 심리치료를 고민해 본 적 있는 일반인이 치유 과정을 이해할 수 있는 데 좋은 안내서가 될 것이다. 각 장마다 독자들에게 구체적인 질문을 하여 답할 수 있도록 하고, '개인 연습'을 제시하여 독자들이 치유 과정의 주체가 되어 자신을 스스로 돌볼 수 있는 자세한 지침과 정보를 제공하고 있다는 것도 큰 장점이다.

이 책은 아동기에 트라우마를 경험했거나 만성적인 트라우마에 노출된 발달적 외상으로부터 치유 과정을 소개하는 서적으로서, 회복을 열망하는 일반인과 트라우마 치료를 위해 애쓰는 심리치료사, 정신보건 인력들에게 유익할 것이다. 일반인들에게는 상담치료를 대체할 완전한 치료법이 되지는 않겠지만 자기 돌봄에 관한 다양한 정보를 제공함으로써 삶에 대한 통제력을 회복하고 트라우마 이후의 성장에 대한 희망을 발견하는 데 도움을 줄 것이다. 또한 트라우마 치료를 제공하는 심리치료사나 정신보건 인력들에게는 심리치료 과정의 보조적 자료가 되어 내담자들과 함께 공유함으로써 심리치료의 효과를 극대화할 수 있을 것이다. 여기에 제시된 사례들이 외국인의 사례라서 처음에는 이질감을 느낄 수 있겠지만 그들이 겪은 고통의 깊이, 길고 지난한 회복 과정, 용기와 회복탄력성을 통한 성장 스토리는 한국의 독자에게도 깊이 공명이 될 것이라고 본다.

이 책의 번역을 위해 상담심리학, 사회복지학, 발달심리학 전공의 3명의 교수들이 여러 번의 만남과 의견 조율을 거쳐 용어 통일 및 내용 수정을 진행하였다. 이런 과정은 역자들에게 복합-PTSD에 대한 깊은 이해와 통찰을 가져다주었으며, 자기치유를 위해 애쓰는 많은 이에 대한 깊은 연민과 지지의 마음을 느끼게 해 주었다. 이 책을 선정하고 번역을 마무리하기까지 함께 해 준 역자 모두에게 감사를 전하며, 마지막으로 학지사 김진환 사장님과 편집부 백소현 차장님께도 감사 인사를 전한다.

코로나19로 인해 전 세계가 뉴노멀 시대를 향해 가는
2021년 1월에 역자 일동

내 아이들 엘리아나와 이안에게.

너희들의 엄마라는 선물에 감사한다.
너희들은 사랑의 의미를 깨닫는 인생에서
가장 중요한 교훈을
가르쳐 준 선생이란다.

서문

심리치료에서 진전이 있는 순간은 힘든 기억에 대한 통찰을 하게 되거나 문제해결로 전환되는 때이다. 이러한 순간은 상담의 초기에 일어날 수도 있고, 내담자가 전화를 걸어 첫 예약을 하겠다는 용기 있는 결정을 하는 접수 면접 이전부터도 일어날 수도 있다.

이 책은 오랫동안 갖고 있던 문제로부터 전환을 원하며 초기 단계에 다음과 같은 질문을 하는 사람들을 위해 쓰였다: '심리치료가 어떤 것인지는 알지만 내게 정말 어떻게 도움이 될까?' '여러 종류의 심리치료 방법이 있는데 어떤 방식이 내게 가장 적합할까?' '실제 상담 회기는 나와 같은 문제를 갖고 있는 사람에게 어떻게 진행될까?' 이 책은 그런 질문들에 간명하고, 정확하고, 이해하기 쉬운 답을 담고 있다.

이 책의 여러 장에 공통되는 주제는 '복합-PTSD'라는 발달성 외상장애를 가지고 있는, 힘들고 광범위한 외상 경험을 가진 사람들의 문제를 정상화하는 것이다. 슈워츠(Schwartz) 박사는 복합-PTSD를 한 개인의 삶의 이력에 있었던 비정상적인 삶의 상황에 대한 정상적인 반응 또는 적응을 위한 노력이라고 분명히 하고 있다. 그런 입장 자체가, 특히 오랫동안 정서적 문제로 힘들어했고 그 결과 자존감이 낮아진 내담자들에게 매우 유용한 관점이다. 복합-PTSD의 다양한 징후들에 대한 포괄적이고 애정 어린 표현들은, 자신이 매우 예외적이고, '이상하여' 도움을 받을 수 없다는 그릇된 생각으로 두려워하고 있는 내담자들에게 도움이 될 것이다.

이 책은 각 장마다 독자가 자신의 삶의 경험에 관해 쓰면서 반응하도록 구성되어 있다. 그래서 이 책은 책꽂이에서 나온 책이 아니라 좀 더 현실적이고 상호작용적인 경험을 준다. 모든 장을 통해 복합-PTSD 치료와 관련된 다양한 이슈들을 포괄적으로 다루었다.

애착 유형(종종 성인의 정서적 문제의 숨겨진 원인이 되기도 하는)의 중요성, 여러 치료 모델들을 개괄하면서 각각의 방법론에 대해 충분한 정보를 제공함으로써 독자가 어떤 접근법이 자신에게 가장 적절할지, 성공적인 치료에 잠재적으로 걸림돌이 될 요소를 미리 파악하여 적절한 치료계획에 대한 판단을 할 수 있게 하였다.

이러한 이슈들을 생각하며, 심리치료사와 내담자는 심리치료의 목적과 치료목적에 도달하기 위한 최선의 경로에 관한 치료 로드맵을 세울 수 있을 것이다. 이 책은 복합-PTSD를 겪고 있는 사람들이 치유의 과정에 대한 정보를 갖고 그 과정에 적극적으로 참여하는 파트너가 될 수 있도록 하는 데 필요한 자원이 될 것이다.

짐 나이프 박사(Jim Knipe, PhD)

서론

아동기의 외상 경험을 마주하기 위해서는 대단한 용기가 필요하다. 마치 어둠 속에서 알 수 없는 고통의 원인을 찾으려는 것처럼, 치유의 과정은 공포까지는 아닐지라도, 힘겨운 것일 수 있다. 이 책은 당신이 그 어둠의 영역을 이해하고, 개인적으로 새로운 자유의 세계로 진입하는 것을 도울 것이다.

아동기의 외상 경험은 극도의 학대와 방임에 노출되는 것부터 소속감을 못 느끼거나, 원치 않는 존재라거나, 만성적으로 이해받지 못하는 느낌 등의 경험까지 다양하다. 당신의 호기심이나 열정이 늘 무가치하게 취급되는 환경에서 성장했을지도 모른다. 어쩌면 부모들이 자신들의 미해결된 외상으로 인해 당신의 정서적 욕구를 돌볼 능력이 없는 가정에서 자랐을지도 모른다. 혹은 당신은 극도의 성적, 신체적 학대를 겪었을 수도 있다. 이 모든 상황에서 당신은 자신의 가장 취약한 부분에 대한 방어기제를 개발하며 상황을 극복하는 방법을 배웠을 것이다. 중요한 것은 한 사람의 상실이나 고통을 다른 사람의 경험과 비교할 수 없다는 것이다. 모든 사람의 경험은 다르고, 서로 다른 상처의 흔적을 남기기 때문이다.

미해결된 아동기 외상은 정신과 정서 건강에 심각한 영향을 준다. 두려움, 분노, 상심과 같은 정서가 모두 차단되거나 범람하는 듯한 경험을 왔다 갔다 할 수도 있다. 불안이나 우울을 경험할지도 모른다. 하루를 견디기 위해서 정서적 차단이나 해리라는 방식을 택할 수도 있다. 종종 사람들과의 관계가 어려울지도 모른다. 질병이나 통증으로 인해 신체적 건강이 영향을 받고 있을지도 모른다. 당신이 혹시 이런 증상으로 어려움을 겪고 있다면, 이 책은 당신을 위한 것이다.

아동기 외상으로부터 치유는 현재의 삶을 사는 것과 과거의 상처를 치유하는 것 사이의 균형을 필요로 한다. 매일의 삶에서 요구되는 일들을 감당하는 것조차 때때로 엄청나게 느껴질 수 있다. 불안이 엄습할 때나 수치심으로 인해 감정을 차단하고 있을 때, 식료품을 사러 가기, 직장에서 스트레스를 감당하기, 아이들을 키우고 배우자와 관계 맺기 등을 감당하는 것이 어렵게 느껴질 수 있다. 마음을 챙기고 안정을 유지하기 위한 전략을 갖고 있는 것이 매우 중요하다. 이러한 도구들은 고통을 대면하는 데 추가적인 어려움을 피할 수 있게 할 것이다.

나는 심리치료사로서, 여러 해 동안 아동기에 외상을 겪은 개인들이 온전함을 회복하는 과정을 찾도록 돕는 일을 해왔다. 나 자신도 그 길을 걸었던 사람으로서 치유 과정을 잘 이해한다. 이 책은 그 과정을 지식과 따뜻한 관심을 갖고 안내할 것이다.

이 책에서 당신은 복합-PTSD에 대한 모든 것을 배우게 될 것이고, 미해결된 아동기 외상으로 인한 여러 증상의 유형들에 대해서도 중요한 통찰을 얻게 될 것이다. 나의 목표는 외상과 관련된 과학과 심리학적 이해를 제공함으로써 당신이 심리치료에 대한 사전동의를 하고 치료 제공자와 협력적 작업을 할 수 있도록 힘을 불어넣는 것이다. 과거의 파괴적인 행동들을 대체할 긍정적인 전략을 선택할 수 있도록 당신을 안내할 것이다. 마음챙김에 기반한 경험적 개입방식은 당신이 자기 수용과 안전한 느낌을 갖도록 도와줄 것이고, 그로 인해 당신은 과거 외상을 탐색할 준비가 될 것이다. 전체적으로 이 책은 긍정적인 사고와 행동을 통합시키는 강점 기반 관점을 제시한다. 요가, 일기쓰기, 기타 여러 유익한 실천을 통해 자기관리에 초점을 둠으로써 당신이 평생의 건강에 도움이 될 일상적 활동을 찾는 과정을 도와줄 것이다

다른 사람(이 경우, 따뜻한 심리치료사)과의 관계 속에서 당신의 혼란, 괴로움, 분노, 슬픔, 수치심, 고통의 경험을 받아들일 수 있다.

이 책이 치료를 대신할 수는 없다. 발달적 외상은 새로운 관계에서 회복 경험이

필요하다. 다른 사람(이 경우, 따뜻한 심리치료사)과의 관계 속에서 당신의 혼란, 괴로움, 수치심, 고통의 경험을 받아들일 수 있다. 따뜻한 심리치료사는 당신 혼자는 처리하기 어려운 그러한 감정과 기억들이 넘쳐흐르지 않게 하는 그릇의 역할을 한다. 그리고 당신과 함께 신뢰를 쌓고, 상황에 대한 관점을 갖게 하고, 당신에게 최선일 치유의 도구들을 발견하게 할 것이다. 이 책에 있는 내용들은 이미 당신 안에 존재하는 치유의 능력을 발견하도록 안내할 것이다. 심리치료와 함께 이 책을 활용함으로써, 당신의 지식과 이해가 깊어지게 되면 시간과 치료 비용을 줄일 수 있다.

　나는 치유의 여행을 당신이 충분히 누릴 자격이 있는 매우 보람된, 전 생애적인 자기발견의 과정으로 생각하라고 권한다. 의심할 바 없이, 고통과 어려움이 있을 것이다. 그러나 자기 인정은 또한 역량강화와 자유함으로의 길을 열어 줄 것이다. 책의 전반을 통해 당신은 강점기반과, 비낙인적 치료 접근을 발견할 것이다. 당신은 고쳐야 할 망가진 존재가 아니다. 깊이 상처받았기에 돌봄이 필요한 것이다. 충분한 지원을 통해, 방어적인 자기 보호기제를 내려놓고 당신 안의 본연의 가치와 지혜, 창의성 등 자신의 소중한 모습을 찾게 될 것이다. 당신 안의 놀라운 회복탄력성을 발견하는 길로 당신을 초대한다. 살아있다는 것이 어떤 의미인지에 대한 고유한 관점을 갖게 한 인생사를 당신은 갖고 있다. 당신만이 지금 당신의 삶에 대하여 무엇을 할지 결정할 수 있으며, 당신은 지금 올바른 길에 서 있다. 바로 여기에.

아리엘 슈워츠 박사(Arielle Schwartz, PhD)

차례

제1장

/

트라우마의
이해

아동기에 학대와 방임을 겪으면, 세상에 대한 오리엔테이션이 위협, 두려움, 생존 중 하나가 될 가능성이 크다. 신뢰할 수 없는 부모나 양육자와의 아동기 경험으로 인해 자신을 신뢰할 수 없거나 어떤 것이 애정관계인지 혼란스러운 것이 당연하다. 두려움과 안정감의 결핍으로 인해 자신의 주변 환경에 잠재하는 위협을 지속적으로 주시하게 된다. 위협적인 경험에서 자신을 분리시키는 보호기제로서 거리두기와 같은 생존 대처전략에 의존했을지도 모른다. 당신이 만약 이러한 양상과 관련이 있다면, 자기-비판, 정서적 고통, 대인관계의 어려움이 있음을 확인할 수 있을 것이다. 만약 당신이 이러한 경험을 하고 있다면, 이는 당신의 잘못이 아니며 당신은 실패하지도 않았다. 일종의 외상 후 스트레스 장애(Post-Traumatic Stress Disorder: PTSD)라고 볼 수 있다.

외상에 대한 개념정의에 따르면 외상 경험은 무섭고 압도적이다. PTSD(외상 후 스트레스 장애)는 흔히 교통사고, 자연재해, 폭력과 같은 외상 사건과 관련이 있다. 외상 경험 이후에는 일반적으로 두려움, 슬픔과 같은 강력한 정서에 압도된다고 느껴 외상을 떠올리는 상황을 회피하기 시작한다. PTSD는 외상 사건 후에도 지속적으로 이러한 증상이 발현되는 것을 말한다. 하지만 또 다른 종류의 외상 후 스트레스 장애인 C-PTSD (Complex PTSD, 복합-외상 후 스트레스 장애, 이하 '복합-PTSD')는 단일한 외상 사건에 대한 반응이라기보다는 외상 스트레스에 장기간 노출되면서 발생한다. 복합-PTSD는 전형적으로 아동기에 경험한 외상 사건의 반복 혹은 지속적인 스트레스의 결과로 발생하며, 때로는 발달성 외상장애(Developmental Trauma Disorder: DTD)라고도 부른다. 두려움을 갖고 성장한다는 것은 인지 · 정서 · 신체 발달의 영역에 영향을 미치며 이는 상처를 치유하는 데 필요한 지원을 받을 때까지인 성인기 이후에도 지속될 수 있다. 복합-PTSD는 성격적인 약점이 아니라 학습된 스트레스 장애이다. 그렇기 때문에 다행스러운 것은 아동기 외상의 희생으로부터 자신의 삶을 되찾을 수 있다는 점이다. 지식과 자각 역량이 길러질 경우, 깊은 자기 수용을 통

> 복합-PTSD는 학습된 비효율적 신념과 행동의 결과이며 긍정적 마음가짐과 건강을 증진시키는 행동으로 대체될 수 있다는 점에서 위안을 삼으라.

해 발달성 외상에 수반되는 힘든 정서도 줄일 수 있을 것이다. 이 장과 책 전반에 걸쳐 복합-PTSD에 대한 폭넓은 이해와 더불어 그 영향을 완화시키기 위한 방법을 찾을 수 있을 것이다. 이 워크북의 목적은 자신의 증상을 자기 연민의 자세로 이해하도록 격려하고, 발달성 외상 회복에 도움이 되는 연습 단계를 제공하는 것이다.

자기 돌봄에 대한 학습

　　다이앤을 만났을 때, 그녀는 자신의 고통을 참을 수 없을 정도였다. 그녀는 무망감과 절망감이 혼재된 불안을 경험하고 있었다. 결혼은 했지만, 자신의 증상의 무게감으로 인해 관계에서 고통을 겪고 있었다. 지난 1년 동안, 살이 찌고 편두통이 생겼으며 불면증에 시달렸다. 다이앤은 자신의 과거 트라우마를 다루는 것을 매우 노련하게 회피했다. 살아남기 위해, 자신의 고통스러운 감정과 기억을 묻어버리는 방법을 배웠고 그래서 자신의 어린 시절에 대해 이야기하지 않으려고 했다. 그야말로 너무 많은 마음의 상처가 있었다. 그녀는 과거를 꼭꼭 덮어두었지만, 지금은 편두통과 불면증으로 인해 마치 무너지는 것 같은 기분이 들었다. 다이앤은 자신의 정서적 삶에 대한 선택이나 통제를 잃었다. 나는 다이앤의 이야기를 통해 어린 시절 가정폭력에 노출된 과거력이 있다는 것을 알게 되었다. 그녀의 아버지는 알코올 중독자였고 어머니는 그녀가 무엇을 잘못했는지 말하는 것 외에는 그녀의 삶에 아무런 관여도 하지 않았다. 다이앤은 눈물을 흘리며 "내 부모들은 아이를 갖지 말았어야 했고, 나는 태어나서는 안 되었어요."라고 말했다.

　　다이앤의 이야기에 어떤 식으로든 공감할 수 있다면, 복합-PTSD는 학습된 비효율적 신념과 행동의 결과이며, 긍정적인 마음가짐과 건강을 증진시키는 행동으로 대체될 수 있다는 점에서 위안을 삼으라. 다이앤은 이 책에서 제시하는 도구인 마음챙김 명상이나 이완법과 같은 자원을 자신의 삶에 통합시킴으로써 안전지대를 확보하고 좀 더 안정감을 느낄 수 있었다. 그녀는 자신의 과거력을 탐색하면서 고통스러운 정서를 마주할 수 있는 인내심을 키우게 되었다. 또한 자신의 과거 경험을 글로 쓰면서 지금 현재 자신의 삶도 통제할 수 있게 되었다. 꾸준히 자기 돌봄을 한 결과, 자기 수용과 연민이 강해졌다.

　　다이앤은 이 책에서 학습하게 될 연습 단계를 몇 주에 걸쳐 실습한 후 "부모님이

나를 방임했고, 나는 지금 어른이 되었음에도 몸을 돌보지 않음으로써 나 자신에게 소홀했어요. 부모님들은 내가 필요로 하는 방식으로 나를 사랑할 수 없었지만, 나는 나 자신을 멋지게 사랑할 수 있습니다!"라는 깨달음을 얻었다.

개인 연습

당신은 어떤 점에서 다이앤의 이야기와 관련이 있는가? 트라우마와 관련해서 떠오르는 기억을 적어 보도록 하자.

_____

_____

_____

_____

_____

_____

_____

_____

_____

변화에 대한 수용

인간은 안정감과 안전을 추구하고자 하는 본성이 있다. 당신은 이렇게 말할지도 모른다. "이것이 바로 나 자신이고, 나는 항상 같은 모습으로 있을 것이다." 익숙하고 반복적인 일상은 삶을 단순화하고 에너지를 보존하도록 한다. 이미 알고 있는 것에 대한 편안함은 스트레스 관리에 도움을 줄수 있다. 새로운 상황은 우리의 주변 환경에 대해 더 많이 의식하도록 요구한다. 어떤 일상들은 일시적으로는 스트레스를 줄일 수도 있지만, 원치 않는 결과들과 비만, 미루기 행동, 자만, 중독과 같은 건강하지 못한 습관들로 이어질 수 있다. 변화를 수용하기 위해서는 더 이상 자신에게 도움이되지 않는 행동과 신념에 도전할 수 있는 구체적 행동을 취해야 한다. 연구에 따르면, 원하는 삶의 변화를 위해서는 새로운 습관이 형성될 때까지 새로운 건강 증진 행동을 반복적으로 연습할 필요가 있다. 규칙적인 운동을 하고, 건강한 식단을 섭취하고, 긍정적인 사회적 관계를 발전시키는 것이야말로 우리가 회복탄력성을 키우기 위해 할 수 있는 가장 좋은 일 중 하나이다. 당신이 어떤 일을 겪었더라도 몸과 마음을 치유하는 능력 또한 자신에게 있는 것이다. 다루기 힘들겠지만, 일단 자기 자신의 고통을 정면으로 마주하면, 오히려 그것으로부터 자유로워질 수 있다. 당신의 삶을 제한하는 신념을 인식하게 될 때, 자신의 마음을 다스리고 미래에 대한 긍정적인 인생관을 가질 권리를 되찾을 수 있다.

무거운 마음의 짐

프레드는 인생의 대부분을 불안해하면서 살아왔다. 이제 성인이 된 그에게는 자신을 의지하는 두 명의 아이와 안정적인 직업이 있다. 지난해 가슴통증이 시작된 뒤, 의사에게 지속적인 공황발작과 불면증에 대해 털어놓았다. 그는 항불안제를 처방받았고, 그로 인해 기분이 언짢아지지는 않았지만 계속해서 정서적 변화도 없고 우울해졌다. 다행히, 그의 주치의는 심리치료도 받아보라고 제안했다. 과거를 탐색하면서, 그는 어린 시절 혼돈스럽고 예측이 어려운 가정환경에서 성장했다고 이야기했다. 그는 부모님이 이혼한 후, 자신의 어머니는 다른 사람이 되어버렸다고 말했다. 프레드는 심리치료를 통해 지금까지 짊어지고 있던 불안이라는 무거운 마음의 짐을 천천히 풀어놓았던 것이다.

복합-PTSD는 이미 알다시피 아주 어린 나이에 시작된 고통과 스트레스의 결과로 나타난 증상이다. 이러한 초기 경험이 자연스럽게 자신과 세상에 대한 관점을 형성한다. 자신의 과거력에 덜 얽매일수록, 더 나은 미래를 선택하게 된다.

복합-PTSD는 다음과 같은 경험을 한 결과로 나타난다.

- 어린 시절 무섭고, 예측 불가능할 정도로 불안정하며/또는 강압적인 부모 혹은 양육자와의 아동기 관계
- 지속적인 혹은 반복적인 방임, 신체적 학대, 언어적 학대, 성적 학대 경험
- 가정폭력에 노출되어 성장
- 현재 활성화된 중독 또는 치료가 안 된 정신질환을 가진 보호자에 의해 양육됨
- 유아기 혹은 청소년기와 같은 발달적으로 취약한 시기에 학대를 경험
- 자신을 보호하고 돌보는 양육자의 지지 없이 집단 따돌림, 장애 혹은 외상 사건에 노출되는 것과 같은 심한 사회적 스트레스를 겪음
- 자신의 요구사항을 책임지거나 옹호해 주는 보호자 없이 무기력한 느낌을 받거나 차별을 받음

처음에는 아무리 고통스럽게 보일지라도, 외상 경험이라는 무거운 짐을 꺼내 놓는 것이야말로 깊은 자기 돌봄이라고 생각한다. 더 크고 넓은 집으로 이사하듯이 과거의 아픈 기억들을 꺼내 놓고, 보다 긍정적인 정서를 경험할 공간을 만드는 것이다. 외상 경험을 꺼내놓는 과정에서, 당신은 그 경험에 압도되지 않으려고 스스로 속도를 조절하고 싶어질 것이다. 자기 자신의 숨겨두었던 고통스러운 이야기를 자각을 통해 끄집어낸다. 각각의 기억이 제자리를 찾음으로써, 기억을 검토하고, 이해하고, 반복적으로 체험하는 훈습과정을 거칠 수 있다.

복합-PTSD에 대한 일반적인 오진

복합-PTSD와 해리의 과거력이 있는 많은 사람은 오해를 받기도 하고, 잘못 진단되기도 하며, 부적절하게 약물치료를 받아왔다. 그 이유는 다음과 같다.

1. **복합-PTSD는 DSM-5에 포함되지 않았다:** 많은 숙고에도 불구하고 임상가들이 사용하는 『정신장애 진단 및 통계 편람, 제5판(DSM-5)』의 최신 버전에는 복합-PTSD나 발달성 외상장애(DTD)가 추가되지 않았다. PTSD 진단기준은 복합-PTSD의 영향과 증상에 가장 근접하게 일치하는데, 그 증상의 90% 이상이 동일하기 때문이다.

2. **PTSD와의 공병 진단이 복합-PTSD 진단을 가려버릴 수 있다:** PTSD와 동시에 발생하는 장애가 함께 존재할 수 있기 때문에 정확한 진단이 어려울 때가 있다. 예를 들어, 학대와 방임을 당한 아동은 불안장애, 우울장애, 학습장애의 위험이 더 높다. 또한 이런 장애를 가진 아동은 학대에 노출될 확률이 더 높다.

3. **복합-PTSD 증상은 다른 장애처럼 보이기도 한다:** 복합-PTSD의 증상은 다른 장애의 증상처럼 보일 수 있다. 예를 들어, 학대와 방임을 겪은 아동과 10대 청소년들은 충동적이고, 불안해하고, 화를 내거나, 우울해 보일 수 있다. 그러나 가족력을 철저하게 이해하지 못하면 양극성 장애, 불안장애 또는 주요 우울장애로 부정확하게 진단할 수 있다.

다음과 같은 일반적인 공존질환이나 오진의 가능성이 있다.

- 경계성 성격장애 혹은 기타 성격장애
- 양극성 장애
- 주의력결핍 과잉행동장애(ADHD)
- 감각 처리 장애
- 학습장애
- 불안장애
- 주요 우울장애 혹은 난독증
- 신체화 장애(신체적 증상으로 심리적 장애를 경험)
- 물질관련 장애 혹은 물질의존 장애

치료의 필수적인 요소는 심리치료사, 정신과 의사 또는 의료진과 협력해서 정확한 진단을 내리는 것이다. 적절한 진단은 수치심을 유발하지 않고 회복과 치료를 위한 올바른 방향 제시를 해 주어야 한다.

복합-PTSD 발생에 기여하는 여덟 가지 요인

두 사람이 비슷한 과거력을 지니고 있더라도 다른 결과를 수반하는 이유는 무엇일까? 왜 여러 명의 아이가 같은 가정에서 성장하지만 오직 한 사람만 트라우마를 느끼는 것일까? 복합-PTSD의 발생과 발현은 양상이 다양하고, 단지 아동기 외상 노출에만 영향을 받는 것은 아니다. 그렇다면, 어떤 사람들이 다른 사람보다 트라우마에 대한 반응을 일으키기 더 쉬운지 그 요인을 살펴보도록 하자.

1. **강도, 지속기간, 시기:** 학대나 트라우마가 오래 지속되고 그 강도가 클수록 당연히 복합-PTSD로 발전할 가능성은 커진다. 또한 외상 스트레스의 시기를 고려하는 것도 중요하다. 신경계가 아주 취약한 생애 초기 3년, 정체성을 형성하는 청소년기와 같은 주요 성장기 동안에는 학대나 외상 스트레스 요인에 민감하게 영향을 받는다.

2. **유전:** 연구에 따르면 PTSD를 포함한 불안장애는 가족력의 영향을 받는다. PTSD의 직접적인 원인은 아니지만, 부모가 PTSD가 있으면 트라우마 노출 후 PTSD로 발전할 위험이 더 크다. 이러한 연구 결과는 PTSD를 포함한 불안장애를 지닌 아동들에게 생물학적 요인이 있다는 것을 말해 준다.

3. **환경:** 부모가 PTSD가 있으면 자녀에 대한 부적절한 반응으로 인해 돌봄과 애착 손상을 초래한다. 어머니가 PTSD일 경우 과잉보호와 과민반응을 보이는 경향이 있는데, 이것은 아이들에게 침범당하는 기분이나 버림받는 기분을 동

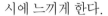

시에 느끼게 한다.

4. **임신 중 태내 시기의 영향력**(In-utero influence): 9 · 11 테러와 같이(PTSD 진단을 초래하는) 외상 사건 기간 내에 임신한 산모에게 태어난 유아는 출생 시 체중이나 코르티솔(스트레스에 반응하는 화학 물질) 수치가 낮았다. 이것이 반드시 아동기 학대나 방임을 초래하는 것은 아니지만, 그러한 유아는 달래기가 더 어렵고, 대장균에 감염되기 쉬우며, PTSD 위험이 증가할 수 있다.

5. **가족 역동**: 부모가 다르면 아이들과의 관계도 달라진다. 자녀와의 이러한 유대감에 영향을 미치는 요인으로는 자녀의 성별에 따른 편안함 수준, 임신에 대한 준비도, 임신이나 출산과 같은 사건 등이다. 예를 들어, 계획되지 않았거나 원치 않는 임신은 아이에 대한 원망이나 분노를 유발할 수 있고, 난임이나 정신적 충격을 주는 분만 과정은 부모가 아이를 거부하거나 비난하게 할 수도 있다.

6. **모방학습(모델링)**: 학대받은 가정에서 자라는 아동은 여러 위험요인에 노출되는 경향이 있다. 의료적 돌봄이 일관되지 않을 수 있으며, 위생습관의 모델링이 불충분하거나 운동 및 건강한 식사와 같은 건강증진 행동이 장려되지 않았을 수 있다. 또한 흡연이나 약물 남용과 같은 고위험 행동을 지나치게 모델링할 수 있다.

7. **학습장애나 ADHD의 유무**: 학습장애 아동은 아동학대 및 주의력결핍 과잉행동장애(ADHD)와 높은 상관관계가 있다. 상관분석 결과, 학습장애와 ADHD 간에는 양측 상관이 있는 것으로 나타났다. 학대를 당한 아동은 만성적인 스트레스와 트라우마가 뇌 발달에 영향을 미치기 때문에 학습장애에 더 큰 위험이 있다. 또한 학습장애나 ADHD 아동들은 인지적 차이, 부주의 또는 충동성으로 인해 부모에게 학대를 당할 위험이나 오해의 소지가 더욱 크다.

8. **회복탄력성 요인의 부족**: 회복탄력성 요인으로 부모와 같은 보호자원이 아동기 외상의 영향력을 완화시킨다. 연구에 의하면, 부모가 지지적이지 않을 경우 지역사회에서 아동을 이해하고 양육하며 보호하는 성인과의 애착이 아동기 외상 사건들의 영향력을 줄일 수 있다고 한다. 추가적인 보호 요인으로는 가

정 밖의 외부활동 참여와 긍정적인 또래관계 형성 등이 있다. 회복탄력성 요
인이 부족할 때 주변 사람들이 자신을 보호하지 못했다는 느낌으로 인해 방임
이나 학대의 영향을 증폭시킨다.

애착 이론과 복합-PTSD

애착 이론은 유아가 그들의 주 양육자와 분리될 때 어떻게 반응하는지를 설명한다. 애착은 초기
양육자와 유아 두 사람의 정서적 유대감으로 정의되는데, 이는 이후의 삶에서 건강한 관계의 기반
을 제공한다. 안정 애착은 유아기와 초기 아동기에 안전하고, 예측 가능하며, 조율되고, 사랑하는
양육자에게 의존할 수 있을 때 형성된다. 특히 양육자가 조율적일 때, 그들은 자녀의 욕구를 알리
는 신호를 읽을 수 있다.

유아의 울음은 가끔 이해하기 어렵다. 아기가 배가 고픈 것인가, 피곤한가, 아니면 그저 안아달라
는 것인가? 중요한 것은, 양육이 '완벽'할 필요는 없다는 것이다. '충분히 좋은' 양육자들은 피치 못
하게 자녀에게 잘못 반응할 것이고, 이러한 실수들은 관계의 불화들이 회복될 수 있다는 것을 배
울 수 있는 건강한 기회를 제공한다. 이러한 형태의 양육은 일반적으로 안정 애착을 형성하게 한
다. 안정 애착은 아이가 자신의 세계를 탐험하는 자신감을 느낄 수 있게 해 주는 안전 기지를 제공
한다. 건강한 애착은 정서 조절 방법을 배우고 스트레스 감내력을 증진하며 건강한 경계를 발달시
키는 것과 관련이 있다. 예를 들어, 엄마와 한 살짜리 아이가 공원에 간다면, 아이는 처음에는 엄마
곁에 머물려고 하겠지만, 이후에는 탐색을 위해 엄마 곁을 떠날 것이다.

초기 아동기 학대와 방임은 복합-PTSD의 위험 요인이 되고, 안정 애착 형성도 불가능하다. 존 볼
비(John Bowlby) 박사와 메리 에인스워스(Mary Ainsworth) 박사는 연구를 통해 다음과 같이 불안
정하고 불안한 애착 유형을 분류하였다.

• 불안정 양가(Insecure ambivalent) 애착: 불안정 양가 애착을 가진 아동은 일관성이 없는 주 양육
  자에 의해 양육되었으며, 그들은 가끔은 매우 반응적이고 민감하지만 가끔은 침입적이고 침습적
  일 수 있다. 아이는 양육자에게 예측 가능한 조율과 연결을 기대하지 못하고 의존할 수도 없으
  며, 이는 결과적으로 불확실성과 불안을 야기한다. 불안정 양가 애착을 가진 성인은 지나치게 의
  존적이고, 유기불안이나 전반적으로 관계는 신뢰할 수 없다는 느낌으로 고통받는 경향이 있다.

- 불안정 회피(Insecure avoidant) 애착: 불안정 회피 애착을 가진 아동은 정서적으로 가용하지 않거나 거부적이며, 거리감이 있거나 관심이 없는 양육자에 의해 양육되었다. 결과적으로, 이 아동은 친밀함을 회피하거나, 감정적으로 단절하거나, 지나치게 독립적이 됨으로써 적응한다. 불안정 회피 애착을 가진 성인은 자기 자신과 다른 사람들의 감정을 무시하고, 파트너가 더욱 깊고 친밀한 관계를 원할 때 어려움을 겪는 경향이 있다.
- 혼란(Disorganized) 애착: 가장 붕괴된 애착 환경은 혼란 애착 유형을 야기한다. 이러한 아동은 압도적이거나, 혼란스럽거나, 학대하는 주 양육자에 의해 양육되었다. 양육자는 불안과 혼란의 근원이며, 아동은 도망치려고 하는 공포의 근원인 부모에게서 친밀함을 추구하고 싶은 생물학적 욕구를 느끼는 모순적 경험을 하게 된다. 이것은 종종 '해결책이 없는 공포'라고 불리며, 이는 아동에게 해결할 수 없는 딜레마다. 혼란 애착을 가진 성인은 불편한 감정을 다루기 위해 충동적이거나 공격적인 행동을 하는 경향이 있다. 관계에서의 상호작용은 그들이 아동기에 겪었던 양육자의 학대를 모방할 수 있다. 그들은 친숙하다고 느껴지기 때문에 자신을 학대하거나 학대하는 파트너를 선택할 수도 있다.

복합-PTSD는 이러한 모든 애착 유형과 연관되어 있다.

개인 연습

이전의 복합-PTSD의 기여 요인 중 당신의 삶과 관련되었다고 말할 수 있는 것은 무엇인가?

_____

_____

_____

_____

복합-PTSD가 몸과 마음에 미치는 영향

아이들은 일관성을 필요로 한다. 그래서 예측 가능한 양육자는 아동에게 자기 자신과 세상에 대한 기대를 명확히 하는 데 도움을 준다. 그러한 예측 가능성은 안정감의 토대를 제공하고 아동이 초기 발달 과정에서 겪는 많은 내적 변화에 적응할 수 있게 해 준다. 그러나 방임이나 학대가 심한 가정에서는 그렇지 않다.

복합-PTSD는 종종 생후 첫해의 상호작용에서 발생한다. 때때로 트라우마는 태어난 지 첫 달 안에 시작되기도 한다. 그러한 어린 시절의 기억은 나중에 발생하는 전형적인 기억과 다르다. 당신은 명확한 이미지나 이야기를 가지고 있지 않을 수도 있다. 그 대신 자신이 이해할 수 없는 정서의 원인을 알 수 없는 신체적 감각으로 경험할 수 있다.

두려움 속에서 성장한다는 것은 인지 · 정서 · 신체 발달 영역의 모든 측면에 영향을 미친다. 아동기 외상은 상처를 치유하는 데 필요한 지원을 받을 때까지인 성인기 이후에도 지속된다. 복합-PTSD를 지닌 경우 일반적으로 다음과 같은 문제를 경험한다.

- **인지왜곡**: 자기 자신, 타인, 세상에 대한 부정확한 신념 등의 인지왜곡이다.
- **정서적 고통**: 압도, 불안, 무기력, 절망, 무망감, 깊은 외로움, 수치심, 불공평, 우울증, 자살 충동과 같은 정서적 고통은 사회적 상실감, 자포자기, 고립에 의해 유발되는 경우가 많다.
- **신체감각 장애**: 위협감에 대한 과거력은 심리적 괴로움이 신체적 증상의 형태로 나타나는 신체화나 불편한 신체감각으로 남는다.
- **정신적 혼미**: 정신적 혼미는 부정확한 신념, 정서, 신체 감각이 과거와 현재를 구분하지 못하도록 한다.
- **과잉 경계**: 과잉 경계는 신체언어의 미묘한 차이와 뉘앙스, 다른 사람의 얼굴표

정에 지나치게 민감한 것으로 자신을 안전하게 유지하려는 시도에 의해 발전된 것이다.

- **회피**: 회피는 불편한 감각, 기억 또는 정서를 배제하거나 밀어내는 학습된 패턴을 포함한다. 이것은 종종 부정, 억압, 해리 또는 중독 행동과 같은 방어에 의해 유지된다.
- **대인관계 문제**: 비효율적인 대인관계 역동은 친구와 사랑하는 사람을 불필요하게 멀리하거나, 책망하거나, 밀어내거나 비난하는 것이다. 역기능적 가족체계 내에서 학습된 부정적 패턴은 새롭고 효율적인 대인관계 전략이 발달할 때까지인 성인기에도 반복되는 경향이 있다.
- **두뇌 발달**: 학대와 방임은 사회적 기술 및 학업적 성공과 연관된 뇌 구조에 유의한 변화를 가져온다.
- **건강 문제**: 미해결된 복합-PTSD는 성인기의 신체적 건강 문제의 중요한 원인이기도 하다.

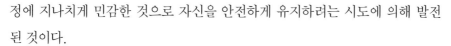

복합-PTSD의 기타 증상

복합-PTSD의 기타 증상은 다음과 같다.

- 초조감
- 자해 혹은 비자살적 자해행동(피부 긋기나 머리카락 뜯기 포함)
- 섭식장애(폭식, 폭식증, 거식증 포함)
- 감정적 섭식
- 사회불안, 광장공포증 혹은 편집증
- 주의집중 곤란
- 충동성 혹은 무모함
- 과도한 위험감수 혹은 문란한 성행위

- 분노폭발
- 자살사고, 자살 계획 혹은 자살 시도
- 중독
- 직업유지 곤란

진단은 나쁜 것이 아니다. 정확한 진단이 당신 자신을 더 잘 이해하고 지혜로워지는 데 도움이 될 지식의 도구상자가 된다는 것을 명심해야 한다. 진단을 통해 심리치료사들은 당신의 증상을 직면 하고 강조하면서 함께 치료해 나갈 수 있다.

정신적 그리고 정서적 증상

　복합-PTSD의 주요 정서적, 인지적 증상은 회피 증상, 침습 증상, 우울 증상이 혼합되어 있다. 정서는 외부 환경, 신체 자각 혹은 '몸으로 느낌', 그리고 과거의 기 억을 근거로 하여 경험의 의미를 도출하는 정신이라는 세 가지 영향력의 결합이다. 트라우마와 관련된 감정에 너무 의존하면, 실제로 사랑받고 안전할 때조차도 현 순 간 상처를 받은 것처럼 반응하는 것이 일반적이다. 결과적으로, 성찰을 위해 잠시 멈추기보다는 성급한 결론을 내릴 수 있다. 사건에 대한 이러한 부정확한 해석은 그렇지 않았다면 피할 수도 있을 고통스러운 상실을 초래하는 경향이 있다.

　　잔은 현재 발생하는 사건을 해석하는 데 영향을 미치는 강렬한 감정들과 힘겨 운 싸움을 하고 있었다. 예를 들어, 그녀의 남편은 퇴근 후에 긴 하루로부터 긴장 을 푸는 방법으로 TV 보는 것을 좋아했다. 잔은 자신이 중요하지 않는 사람이라 고 느끼기 시작했다. "당신은 정말 나를 사랑하지 않아!"라고 그녀는 화를 내며 소리쳤다. 남편이 TV를 끄고 자신과 소통하려고 시도하자, 그녀는 "당신이 정말 나를 아껴준다면 내가 당신의 관심을 구걸하지 않아도 될 텐데!"라며 그를 밀쳐

냈다. 남편은 고개를 저으며 잔에게 자신의 사랑을 느낄 수 있도록 도와줄 방법이 없다고 느꼈다.

어떤 경우에는 감정적으로 압도당한다고 느낄 수도 있다. '감정적인 홍수상태'가 되었을 때는 어떤 상황에서도 효율적인 방식으로 생각하기 어려워질 것이다. 실제로 뇌의 정서적 중심부가 활성화되어 이성적인 사고 과정과 의사결정을 담당하는 뇌 활동 부분이 줄어든다. 그 결과 자기성찰을 통한 선택을 하기보다는 충동적으로 행동한다.

과민반응은 정서의 연속선상에서 양극단의 한쪽 끝에 자리 잡고 있다. 아동기 학대나 방임의 발달사를 지니고 있을 때는 고통을 부정하거나, 분리 또는 차단하기 쉽다. 그래서 자신의 정서적 세계에 주의를 기울이지 않으므로 정서적 혼란을 느끼게 된다. 만약 그 감정을 견뎌낼 수 없다면, 무언가가 빠진 것처럼 멍하거나, 혹은 의미 없는 몸짓을 하고 있는 것처럼 단절감을 느끼게 된다.

정서는 우리에게 삶의 의미와 목적, 그리고 살아있다는 생동감을 준다. 자기 자신과 세상에 대한 피드백은 가슴 두근거림, 가슴 뭉클함, 심장 박동, 그리고 온정적인 얼굴표정을 통해 가능하다. 그러한 피드백의 목적은 건강한 공감 능력을 갖게 하고, 성공적인 관계를 발전시키며 효율적인 의사결정을 내리기 위한 사고와 느낌 간의 균형을 찾게 해 준다.

복합-PTSD의 정서적, 인지적 증상을 함께 살펴보도록 하자.

🐾 회피 증상

케빈은 수년 동안 담배를 피워 왔다. 그의 아내는 아이를 갖기를 원하며 그에게 이제 담배를 그만 피우라고 부탁했다. 그는 아내가 담배를 끊지 않으면 자신을 떠나겠다고 위협한 후에 마지못해 금연치료를 받으러 왔다. 케빈의 아동기 발달사를 탐색하면서 나는 그의 아버지의 분노와 격렬한 분노 표출에 대해 알게 되었다.

케빈은 어깨를 으쓱하면서 아무렇지도 않게 "그래, 아버지가 나를 내쳤지만 그건 뭐 대수로운 일이 아니야."라고 말했다. 상담이라는 안전이 확보된 상태에서, 우리는 정말로 그의 아버지의 행동이 케빈의 정서적 삶에 중대한 영향을 끼쳤다는 것을 인정하게 되었다.

그는 어린 시절에 대한 자신의 분노를 말하기 시작했다.

아동기 외상 기억에서 벗어나기 위해서 회피 전략을 발전시키는 것이 일반적이다. 때때로 이것은 과거의 기억을 떠올리도록 하는 상황이나, 사람, 장소를 회피하게 한다. 회피는 또한 과거를 부정하거나 감정을 억압하거나 부모를 이상화하거나 고통을 최소화하거나 관계를 단절하는 등의 방어기제에 의해 유지된다. 고통을 느끼지 않기 위해 일반적으로 뇌에 영향을 미쳐 마음상태를 변화시키는 약물을 사용하거나 감정적 섭식, 과도한 운동과 같은 다른 중독 행위를 지속한다.

침습 증상

"저리 꺼져버려!"라며 헬렌이 한밤중에 소리쳤다. 또 다른 악몽이 그녀를 깊은 잠에서 깨웠다. 그녀는 오랫동안 이러한 무서운 꿈에 시달려 왔다. 헬렌은 더 이상 대학 수업에 집중할 수 없었기 때문에 내 상담실로 찾아오게 되었다. 처음으로 그녀는 밤에 아버지가 자기 방으로 들어올 때 얼마나 불편했는지에 대해 이야기하기 시작했다. 그녀에게 무슨 일이 일어났는지 그 기억을 정리하도록 도와줄 누군가가 필요했다.

불안, 플래시백, 과각성, 악몽과 같은 '외상 사건의 재경험' 증상은 개인에게 가장 흔한 PTSD 장애 중 하나이다. 과잉 경계는 자기 자신을 안전하게 지키기 위해 과도하게 경계하거나 환경에 매우 민감하게 반응하는 것이다. 어린 시절 초기 기억과 관련된 외상 사건을 재경험하는 증상은 말을 하기도 전에 모호하고 불편한 점을 '몸으로 느낌'이나 신체적 고통의 형태로 나타날 수 있다. 복합-PTSD를 지닌 개인은 불안, 공격성, 초조 등과 같은 감정적 특징이 있는 과각성 증상을 많이 경험한다. 이러한 것들은 종종 정서조절장애 혹은 슬픔, 격한 분노 또는 두려움의 격앙된 감정으로 나타난다. 이러한 과각성 증상으로 인해 침범당하는 기분을 느낄 수 있고 혹은 자기 자신, 가족 그리고 세상과의 관계에서 감정적으로 압도될 수 있으며, 가족이나 친구들과의 관계 단절, 원망 또는 버림받은 느낌과 같은 형태로 꼼짝할 수 없는 느낌을 초래할 수 있다.

해리 증상에 대한 이해

해리 증상은 복합-PTSD의 다른 모든 증상과 마찬가지로 처음에는 위협적인 환경에 대처하는 데 도움을 준 학습된 행동이다. 방임이나 학대받은 아동은 누군가에게 매달려 있으려 하거나, 위협적인 경험을 '무시'하면서 생존을 위해 생물학적 보호 기제에 의존할 것이다. 성인기가 되면, 해리증상은 일상적인 생활을 지속하도록 관여하는 부분과 두려움, 수치심 또는 분노의 감정을 억제하는 부분을 잘 유지하도록 분리시켜 준다. 당신은 어쩌면 과거에 있었던 일을 과도하게 생각한다고 느낄지도 모른다.

정서나 신체 감각이 인식의 표면에 떠오를 때, 일반적으로 학습된 해리 패턴에 의지하여 본능적으로 무섭고, 역겹고, 고통스럽거나 혼란스러운 감정을 멀리 밀어낸다. 해리 증상은 양극단의 연속선상에 존재하며, 비교적 경증의 경우는 안개가 긴 것처럼 모호하거나 흐릿함을 느끼거나 경험에 대해 이야기하는 데 어려움을 느끼거나, 피곤하게 느끼는 것과 같다. 산만하거나 주의집중의 어려움을 느낄 수도 있다. 또한 무감각하거나 단절감을 느낄 수도 있다. 더 심한 해리 증상은 통제 불능의 느낌, 기억 상실 또는 '시간 소실'을 경험하는 것이다.

당신은 자신에게 외상 사건이 일어났고 그것들이 이제 끝났다는 것을 인식할 수 있는 수용력을 발전시킴으로써 해리 증상을 치료할 수 있다. 당신은 외상 사건이 자신의 자의식과 세상에 대한 기본적인 가정에 영향을 미친다는 자각능력을 개발해야 한다. 해리 증상을 치료한다는 것은 과거와 현재를 구분하고, '여기와 지금'에 대한 마음챙김 능력을 개발함으로써 가능하다(154쪽 참조: 신체 기반 심리치료에서 신체자각 부분).

🌿 우울 증상

앤드류는 알코올 중독 어머니에 대한 책임감을 느끼게 하는 가정환경에서 자랐다. 슬프게도, 그의 어머니는 자신을 도와주려는 아들의 많은 시도에도 불구하고 결코 회복되지 않았다. 그는 성인이 되어 직장에서도 계속 자신이 비효율적이라는 느낌이 든다. 상사에게 비판적인 피드백을 받으면 그는 크게 거부감을 느끼고 '노력할 이유가 뭐가 있어.'라는 생각을 한다.

과각성 증상은 복합-PTSD 분류의 한 양상이다. 무망감, 절망, 우울과 같은 저각성 증상도 복합-PTSD 분류의 또 다른 양상으로 존재한다. 이러한 증상은 전형적으로 탈출구가 없는 위협적인 환경에서 생활한 결과로써 발생한다. 자신의 상황을 변화시킬 수 없을 때, 당신은 비효율적이고 무능하며 무력하다고 느낄 수 있다. 수치심과 무가치감은 복합-PTSD의 대표적인 우울 증상이다.

개인 연습

다음 질문들은 복합-PTSD의 정서 및 인지 증상을 확인하는 데 도움을 줄 것이다.

당신은 어떤 회피 증상(부정, 억압, 이상화, 최소화, 중독, 해리)을 경험하는가? 이런 증상들은 당신이 원하는 삶을 살아가는 데 어떤 식으로 방해하는가?

_____

_____

_____

_____

당신은 어떤 침습 증상(불안증, 플래시백, 악몽, 과각성, 정서조절장애, 대인관계 문제)을 경험하는가? 이런 증상들은 지금 당신의 삶을 어떤 식으로 방해하는가?

_____

_____

_____

_____

_____

_____

당신은 어떤 우울 증상(무망감, 절망, 우울, 무능감, 자기 효능감의 결핍, 무기력감, 수치심, 무가치감)을 경험하는가? 이러한 증상들이 당신의 삶에서 어떻게 나타나는가?

_____

_____

_____

_____

_____

_____

수치심에 대해 알아보기

수치심은 당신이 '나쁘다'라는 신념이 특징적이다. 이러한 정서는 무가치하거나, 손상되거나, 실패했다는 자기 자신에 대한 왜곡된 자의식에 기초한다. 어린아이들은 안정감과 세상에 대한 연결감을 위해 양육자에게 전적으로 의존한다. 부모가 무섭거나, 학대하거나, 부재할 때, 아이들은 누구의 잘못인지 혼란스러워 할 수 있다. 아이들은 나쁜 것을 목격할 때 자신들이 '나쁘다'고 느낀다. 특히 다음과 같은 부정확하고 비판적인 사고는 수치심을 반복적으로 가져온다.

- "난 너무 멍청해."
- "아무것도 제대로 할 수 없을 것 같아."
- "나는 정서적으로 지쳐 있어."
- "내가 게으른 거야."

일단, 당신이 스스로 말하고 있는 이러한 메시지들을 깨닫는다면, 이제 무엇인가를 할 수 있을 것이고 자신의 고통을 향해 나아갈 것이다. 이 책에 소개되는 자기 연민과 자기 수용 연습은 수치심에 대한 해독제가 될 것이다.

신체적 증상

미해결된 트라우마는 신체 건강에 큰 타격을 줄 수 있다. 미해결된 아동기 외상은 서서히 그리고 점진적이면서도 동시에 누적된 효과를 가져온다. 자신의 몸이 스트레스와 트라우마에 어떻게 반응하는지 이해함으로써 자신의 치료 파트너와 협력하고 자신에게 필요한 신체적 건강관리에 적극적으로 참여할 수 있다. 스트레스와 건강의 관계를 자세히 살펴보도록 하자.

스트레스를 받으면, 신경계는 안전과 유대감을 다시 확립하기 위한 시도로 투쟁-도피 반응을 시작할 것이다. 하버드대학교 아동발달센터(The Center on the Developing Child at Harvard University)는 다음과 같은 세 가지 형태의 아동기 스트레스가 있음을 확인하였다.

1. **긍정적인 스트레스 반응**(Positive stress response): 건강한 스트레스 반응은 일시적이고 사랑하는 양육자와의 긍정적인 유대감을 지니면서 스스로 해결하는 것이다. 아동기의 건강한 스트레스 유발 사건의 예로는 새로운 보육 서비스 제공자에 적응하는 것이나 주 양육자와의 비교적 짧고 견뎌낼 만한 분리다. 건강한 스트레스는 실제로 성인기에 직면할 스트레스 상황에 대처할 수 있도록 신경계를 안정시켜 준다.

2. **견딜 수 있는 스트레스 반응**(Tolerable stress response): 당신은 아동기에 화재나 사랑하는 사람의 죽음과 같은 중요한 단일 외상 사건에 직면할 수도 있다. 하지만 만약 자신의 외상 경험을 처리하도록 도와주는 사랑하는 양육자와 같은 지지적인 환경이라면, 그러한 외상 사건도 견딜 수 있는 스트레스 반응으로 실제 성인기의 긍정적인 대처 기술로 발전될 수 있다.

3. **유해한 스트레스 반응**(Toxic stress response): 심각하거나 지속적인 외상 사건은 사랑하는 성인들의 지지가 없을 경우 유해한 스트레스 반응이 발생한다. 이러한 상황은 성인기의 정서적, 신체적 건강에 대한 부정적인 결과와 상관이 있다.

이상적으로 볼 때, 스트레스는 일시적이다. 그러나 지속된 스트레스 유발 상황은 쉼 없이 신체가 과도하게 경계하는 상태에 머물게 한다. 외상 스트레스는 생명을 위협할 정도의 외상 사건에 대한 결과로서, 도망칠 방법도 못 찾고 꼼짝할 수 없다. 그런 상황에서 투쟁-도피 반응이 성공적이지 못하면 무력감을 느낀다.

스트레스 사건이 발생하면, 신체는 교감신경계 및 투쟁-도피 반응과 관련된 화학물질인 코르티솔을 생산한다. 스트레스가 지속될 때, 신체는 계속해서 많은 양의 스트레스 화학물질을 생산한다. 반대로 미해결된 복합-PTSD는 실제로 혈류 내의 만성적으로 낮은 수치의 코르티솔과 상관이 있다. 이것이 당신의 몸이 코르티솔을 적게 생산하고 있다는 것을 의미하지는 않는다.

사실, 우리의 몸은 계속해서 많은 양의 스트레스 화학물질을 방출한다. 그러나 미해결된 PTSD의 생리현상은 몸이 이러한 코르티솔을 어떻게 처리하는지 그 방법에 대한 변화를 수반한다. 결과적으로, PTSD는 잦은 코르티솔 폭발과 혈류에서 만성적으로 낮은 수치의 가용 코르티솔과 관련이 있다. 이는 생리학적으로 압도당한 느낌과 차단과 같은 폐쇄된 느낌 사이의 전형적인 대안으로 설명된다. 마치 한 발은 엑셀 위에 올려놓고 한 발은 브레이크 위에 올려놓고 운전하는 것과 같다.

자율신경계 시스템(The Autonomic Nervous System: ANS)은 스트레스와 트라우마에 대한 우리의 정서적, 생리적 반응에 중요한 역할을 한다. 자율신경계 시스템은 교감신경계와 부교감신경계라는 두 가지 기본 체계가 있다. 교감신경계는 투쟁-도피 반응, 그리고 혈류에 코르티솔을 방출하는 것과 연관이 있다. 부교감신경계는 교감신경계가 작동하지 못하도록 하며, 그래서 인간의 몸은 스트레스 화학물질의 배출을 멈추고 이완, 소화, 재생으로 이동한다. 교감신경계와 부교감신경계는 건강한 소화, 수면, 면역체계 기능을 지원하는 리드미컬한 대안으로 작동한다. 그러나 만성적인 스트레스와 미해결된 복합-PTSD는 교감신경계와 부교감신경계 간의 균형을 방해할 수 있어 신체건강에 영향을 미친다.

만성 스트레스 및 트라우마와 건강

스트레스 화학물질(혈류 코르티솔 수치)과 면역체계 기능 사이에는 부적 상관이 있다. 혈류 코르티솔 수치가 높으면 면역체계가 억제된다. 이와는 대조적으로 혈류 코르티솔 수치가 낮을 때는 면역체계를 강화시키거나 '억제하지 않고 내버려 둔다.'고 한다.

면역체계는 체내 염증과 관련이 있다. 이 염증은 우리가 바이러스나 박테리아를 퇴치할 때 필요하다. 그러나 대상이 없는데도 면역체계가 계속 자극되면 장기간의 신체건강 문제가 발생할 가능성이 커진다. 코르티솔 수치가 높고 면역력이 억제되는 만성 스트레스와 관련된 건강 문제는 다음과 같다.

- **고혈압**: 혈압이 높아지는 것은 고혈압, 심장병과 관련이 있다.
- **혈당 불균형**: 혈당은 투쟁—도피 반응을 유지하기 위해 계속 상승하게 되며, 저혈당증과 당뇨병의 위험성을 증가시킨다.
- **식탐**: 시간이 지남에 따라 단것, 탄수화물, 소금, 식초, 향신료를 먹고 싶은 열망이 계속될 때 감정적인 섭식으로 이어질 수 있다.
- **중독**: 알코올, 카페인, 니코틴 또는 다른 약물의 빠른 해결책으로 일시적인 스트레스를 해소하는 것이 일반적이며, 이는 건강하지 못한 습관의 발달에 기여한다.
- **소화불량**: 만성적인 스트레스는 소화를 방해하는데, 왜냐하면 소화는 우리가 포식자와 도망치거나 싸울 필요가 있을 때 필수적이지 않는 활동이며. 그래서 몸이 스트레스를 받으면 신경을 아예 차단해 버리기 때문이다.
- **면역력 억제**: 지속적으로 억제된 면역력은 질병과 암에 대한 민감성 증가와 관련이 있다.

혈류 코르티솔 수치가 낮고 면역력이 확인되지 않은 미해결 PTSD와 관련된 건강 문제는 다음과 같다.

- **소화장애**: 부교감신경계는 소화를 증진시키는 것과 관련이 있다. 하지만 과다한 것이 오히려 문제가 되어 큰 폐해를 일으킨다. 만성 PTSD의 경우 위산의 과잉분비, 산성 역류, 과민성 대장증후군 등 소화기 질환의 가능성이 높다.
- **수면장애**: 보통 코르티솔은 우리가 잠에서 깬 후 급격히 상승하고 낮 동안은 점차 하강하며 늦은 오후에 다시 상승하다가 다시 하강하여 한밤중에는 낮은 지점에 도달한다. 순환기 리듬, 즉 우리 몸의 시계는 코르티솔 리듬을 통해 패턴화된다. 만성 PTSD가 있을 경우, 비정상적으로 밋밋한 순환기 코르티솔 주기

를 지니고 있으며 이는 피로와 불면증과 관련이 있다.

- **자가 면역 장애:** 필요한 바이러스나 박테리아가 없을 때 싸운다면, 억제되지 않은 면역체계는 건강한 조직을 겨냥할 것이고, 자가 면역 장애에 대한 취약성을 증가시킬 것이다.

🔔 아동기 역경 경험 연구(ACE)

심리학과 의학 분야에서는 트라우마에 노출된 아동들이 추후 신체적인 건강 위험 요소를 가질 가능성이 훨씬 더 높다는 것을 확인하고 있다. 카이저 퍼머넌트(Kaiser Permanente)에 의해 수행된 아동기 역경 경험 연구(Adverse Childhood Experience: ACE)에서는 17,000명의 환자를 대상으로 다음을 포함한 아동기 외상 경험을 평가했다.

- 신체적 학대
- 언어적 학대
- 성적 학대
- 신체적 방임 혹은 정서적 방임
- 가정폭력에 노출
- 물질 남용자 가족이라는 위험환경에 노출
- 정신질환자 가족, 수감자 가족, 자살 유가족이라는 위험환경에 노출

이 연구는 참가자들에게 그들이 경험한 아동기 역경 요인을 점수로 매기도록 했다. 연구 결과는 한 가지의 아동기 역경 경험이 다른 아동기 역경 경험 요인을 지닐 가능성을 강하게 예측한다는 것을 보여 준다. 이러한 아동기 역경의 범주 중 하나를 경험하는 것도 아동을 위험에 처하게 하지만, 네 가지 이상의 ACE 요인을 겪으면서 산다는 것은 심각한 스트레스로 나타났다. 펠리티 등(Felitti et al., 1998)은 그 위험 정도를 이해하기 위해 질병통제 및 예방센터(CDC)의 협조를 구했다. 그 결과 아동기에 네 가지의 ACE 요인에 노출됐던 성인은 ACE 점수가 0점인 성인보다 우울증에 걸릴 확률은 4배, 물질 사용률은 7배, 자살 시도 확률은 12배 더 높다는 결론을 내렸다. 이러한 개인은 사회·정서·인지적 장애를 경험할 가능성이 높으며 심장병, 암, 만성폐질환, 간질환과 같은 신체질환에 더 큰 위험이 있다.

개인 연습

당신은 이런 신체적 증상을 겪고 있는가? 복합-PTSD가 건강이나 의료 기록에 미치는 영향을 적어 보라.

_____

_____

_____

_____

_____

_____

추후 다룰 내용

이 워크북에서 당신이 기대할 수 있는 내용은 다음과 같다. 제2장에서는 인지행동치료, 변증법적 행동치료, 안구운동 둔감화 및 재처리 요법(EMDR), 신체기반 심리치료, 몸과 마음에 대한 관점 등 복합-PTSD 치료에 사용하는 일반적인 방법을 탐구해 볼 것이다. 또한 각 모델의 기본 구성 요소를 소개할 것이다. 이러한 양식은 이 워크북에서 학습하게 될 치료 전략의 기초를 제공한다.

다음 제3장에서는 복합-PTSD의 주요 증상을 보여 주는 사례연구를 제공하고 해당 치료 전략을 안내할 것이다. 이는 당신으로 하여금 각각의 증상들을 다루고 자신에게 가장 큰 영향을 미치는 증상들에 초점을 맞추는 치료 전략을 연습하도록 해 줄 것이다.

요약

이 장에서는 복합-PTSD와 발달성 외상에 대해 심층적으로 이해할 수 있는 기회를 제공하였다. 몇 분 정도 시간을 내어 당신 자신에 대해 직접 체크해 보도록 하자. 자신의 삶 속에 존재할지도 모를 우울 증상, 침습 증상 및 회피 증상에 대한 메모를 훑어보도록 하자. 마찬가지로 복합-PTSD의 신체적 증상을 검토하면서 그것이 어떻게 느껴지는지도 탐색해 보자. 스트레스, 트라우마 그리고 정서적, 신체적 건강 간의 관련성에 대한 지식이 증가함에 따라, 당신은 지금 무엇을 더 잘 알게 되었는가? 새롭게 배운 바를 여기에 적어 보도록 하자.

제2장

/

복합-PTSD
치료

이 장은 복합-PTSD 치료로 알려진 다양한 치료 접근에 대해 알려줄 것이다. 복합-PTSD 치료에 가장 적합한 단 하나의 유일한 치료법은 없다. 심리치료사들은 일반적으로 이 장에서 다루게 될 인지행동치료(CBT), 변증법적 행동치료(DBT), EMDR 치료, 신체기반(신체 중심) 심리치료, 마음챙김 등의 심리치료를 통합해서 개입하며 물론 모든 접근법은 내담자와의 신뢰할 수 있는 관계형성을 바탕으로 진행한다.

위크북이 심리치료를 대신할 수는 없다. 복합-PTSD는 관계외상으로, 즉 한 사람이 다른 사람에게 준 피해가 원인이다. 그러므로 치료적 개입은 심리치료사와 신뢰감 있는 관계형성을 이룰 때 가장 성공적이다. 만약 당신이 심리치료사를 선택하는 과정에 있다면, 이 정보는 당신이 함께 작업을 하고 싶은 심리치료사를 선택하는 데 도움이 될 것이다. 일반적으로 자신이 안전하고 진실하고 자비롭고 이해심이 있다고 느끼는 사람을 선택하는 것이 가장 중요하다. 이 책을 치료에 대한 보충자료로 사용한다면 자신에게 힘을 북돋아 주고, 치료 제공자와 더 많은 지식을 가진 파트너가 되어 보다 성공적으로 건강관리 목표를 달성할 수 있을 것이다.

> 치유는 당신이 트라우마의 무게를 경감시키기 위해 자신의 과거로 돌아가도록 요구한다. 그 결과, 당신은 자신의 트라우마 과거력에 의해 덜 얽매일 것이고 자신의 미래에 대한 더 나은 선택을 하게 된다.

복합-PTSD의 주제는 상처받기 쉬운 정서를 불러일으킬 수 있다. 만약 어떤 것이 너무 고통스럽거나 불편하게 느껴지기 시작한다면, 언제든지 이 책을 내려놓을 수 있다. 속도를 어떻게 조절할 것인지에 대해서는 자신의 직감에 귀를 기울여라. 새로운 정보를 통합하는 데 시간이 좀 더 필요하다면 치료 과정을 늦추는 것은 아무런 문제가 되지 않는다. 다시 한번 말하지만, 특히 자가 치료 방식의 제공보다 더 많은 지지가 필요한 경우는 자격을 갖춘 치료 전문가를 찾도록 강력히 권하는 바이다.

인지행동치료(CBT)

1960년대 아론 벡(Aaron Beck) 박사가 개발한 인지행동치료(Cognitive Behavioral Therapy: CBT)는 지금까지의 PTSD 치료 유형 중 가장 효과적인 치료의 하나다. 일반적으로, 인지행동치료(CBT)는 당신의 생각, 정서, 행동 간의 관계를 인식하도록 돕는다. 이는 왜곡되거나 고통스러운 생각을 좀 더 정확하고 긍정적인 신념으로 전환시키는 데 도움을 준다. PTSD 치료에서 가장 자주 적용하는 인지행동치료(CBT)는 노출치료와 인지처리치료라는 두 가지 형태이다.

노출치료

노출치료는 트라우마에 덜 압도되었다고 느낄 때까지 반복적으로 자신의 외상 기억을 이야기함으로써 스스로 외상 기억을 둔감화시키는 것이다. 처음에는 트라우마에 대해 말하는 것이 불편할 수 있지만, 자신의 과거 기억으로의 전환을 통해 힘을 얻을 수 있다. 이 방법은 또한 몸과 마음을 진정시키기 위해 이완법과 호흡법을 활용한다. 이 방법이 때때로 너무 직접적인 것일 수 있고, 그 결과 일부는 재외상화된 감정을 경험하게 한다는 문제가 있어 왔다. 자신에게 맞는 치료법을 선택할 때는 자신의 직감을 신뢰하는 것이 중요하며, 어떤 방법이 불편하거나 효과적이지 않다고 느낄 때 거리낌 없이 말함으로써 자신의 심리치료사가 그 점을 인지하고 치료과정을 돕거나 바꿀 수 있다.

인지처리치료(CPT)

인지처리치료(Cognitive Processing Therapy: CPT)는 무서운 기억을 활성화시키면서 동시에 외상 기억을 둘러싼 신념과 배치되는 새로운 정보를 소개함으로써 무서운 기억의 힘을 감소시킨다. 예를 들어, 트라우마가 자신의 잘못 때문이라는 신념은 당신이 단지 어린아이에 불과했다는 것을 인식할 때 반박할 수 있게 된다. 즉, 어떤 잘못도 했을 리 없다. 인지처리치료(CPT)는 PTSD 증상에 대한 심리교육을 하고, 당신의 생각과 감정에 대한 인식을 계발하는 데 도움을 주며, 새롭고 긍정적인 신념을 통합시키도록 안내하며, 행동에 대한 통찰력을 촉진하는 새로운 기술을 연습하도록 격려한다.

❧ 부정적 신념

모든 형태의 인지행동치료(CBT)는 당신이 가질 수 있는 부정확한 신념을 탐색한다. 일반적인 부정적인 신념은 다음과 같다.

- 나는 사랑스럽지 않다.
- 나는 중요하지 않다.
- 나는 무가치하다.
- 나는 존재할 만한 가치가 없다.
- 나는 어디에도 소속되어 있지 않다.
- 나는 무기력하거나 무능하다.
- 나는 아무도 믿을 수 없다.
- 나는 무언가 나쁜 짓을 했다.

심리치료의 핵심 요소는 부정적인 자기 진술을 긍정적인 신념으로 대체하는 것이다. 예를 들면, 다음과 같다.

- 나는 사랑스럽다.
- 나는 중요하다.
- 나는 가치가 있다.
- 나는 견뎌내었다.
- 나는 어딘가에 소속되어 있다.
- 나는 강하다.
- 지금 사랑하고 신뢰하는 것이 안전하다.
- 나는 과거를 통해 배울 수 있다.

개인 연습

잠시 앞에서 제시된 부정적인 신념의 리스트를 살펴보자. 만약 일부라도 앞에 제시된 부정적 신념이 있다면, 이러한 신념은 어떤 자기 진술과 관련이 있는가? 여기에 나열되지 않았지만 자기 자신에게 마음속으로 말하고 있는 다른 부정확한 신념들이 있는가?

_____

_____

_____

_____

_____

당신은 어떤 긍정적인 신념을 가지고 있는가? 몇 가지 대안적인 신념을 여기에 적어 보자. 앞에서 제시된 긍정적 신념의 리스트에서 선택하거나, 자신에게 옳다고 느껴지는 다른 긍정적인 자기 진술들을 브레인스토밍해 볼 수도 있다.

_____

_____

_____

_____

_____

🛋 치료적 관계

복합-PTSD의 핵심 딜레마는 불안정한 관계와 관련된 기억과 관계 유대감을 향한 소망 간의 갈등이다. 따라서 건강한 관계를 발전시키는 것이 하나의 도전이 된다. 처음에는 당신이 이미 알고 있는 것과 일치하는 관계를 재현할 수도 있다. 아마도 당신은 의도치 않게 사람들을 밀어내고 나서 아무도 자신을 부르지 않는 것에 대해 화를 낼 것이다. 아마도 자신을 나쁘게 대하는 파트너를 선택하는 경향이 있을 것이다. 왜냐하면 마음속 깊이 친숙하게 느껴지기 때문이다.

이와는 반대로, 치료적인 관계(예: 심리치료사와의 신뢰관계)는 당신이 건강하지 못한 역동을 지속시키는 어떤 부분을 부드럽게 인식하고 책임 질 수 있도록 도와줄 것이다. 신뢰관계에서는 두려움을 드러낼 수 있고 거절당하거나 피해를 입지 않을 것이라는 점을 배울 수 있다. 당신은 서서히 다른 사람에게 자신의 혼란, 불편, 분노, 슬픔 또는 수치심을 바라보는 것을 배우게 될 것이다.

심지어 가장 건강한 관계에서조차도 단절이 되거나 의도하지 않게 오해하는 순간이 있다. 치료적 관계는 관계 유대감을 회복하고 유대감이 개선될 때까지 관계를 유지할 수 있게 해 줄 것이다. 갈등을 좋아하는 사람은 없지만, 건강한 갈등에 존재하는 본질적인 가치가 있다. 왜냐하면 이 과정은 대인관계의 도전을 성공적으로 헤쳐 나갈 수 있는 자신의 능력에 대한 신뢰를 쌓으면서 실제로 신경계를 다시 훈련시키는 데 도움을 주기 때문이다. 궁극적으로 이러한 과정은 자신의 삶에서 더욱 건강한 관계로 이끌어 내는 새로운 관계 기대치를 형성하는 데 도움을 줄 것이다.

변증법적 행동치료(DBT)

변증법적 행동치료(Dialectical Behavior Therapy: DBT)는 원래 1980년대에 경계성 성격장애 치료를 위한 인지행동치료의 특별한 형태로 개발되었다. 최근에는 변증법적 행동치료(DBT)가 다른 장애 치료에도 적용되었는데 특히 복합-PTSD 치료에 유익한 것으로 밝혀졌다. 변증법적 행동치료는 선불교 철학의 원리와 명상수행에 기초한다. 예를 들어, 변증법이라는 용어는 선 수행법의 핵심 측면인 정반합(a synthesis of opposites)의 통합을 말한다. 변증법적 행동치료(DBT)에서 일차 변증법은 수용과 변화의 양극성이다. 이를 통해 당신이 누구인지에 대한 급진적인 수용이 변화와 성장에 필요한 조건임을 인식한다. 일반적으로 변증법적 행동치료(DBT)는 마음챙김, 정서 조절, 고통에 대한 감내력, 대인관계 효율성을 개발하는 데 초점을 맞춘 개인 및 집단 치료 회기를 포함한다.

마음챙김

변증법적 행동치료(DBT)의 맥락에서 마음챙김 기술은 당신의 수용력을 함양하면서 자신의 마음을 관찰할 수 있는 능력을 개발하는 데 초점을 맞춘다. 수용은 불편한 경험이 회피 전략이나 회피 반응을 필요로 하지 않는다는 것을 인식하도록 돕는다. 변증법적 행동치료(DBT)는 당신의 '합리적 마음(또는 사고)'과 '감정적 마음(또는 정서)' 간의 최적의 균형을 가리키는 '지혜로운 마음(Wise Mind)'이라는 개념, 즉 자신이 평온하고 중심을 잃지 않는 느낌을 지니도록 도와줄 수 있는 논리와 직관의 통합 상태를 제공한다.

정서 조절

변증법적 행동치료(DBT)의 정서 조절 기술은 마음챙김과 수용이라는 이론적 배경에 기초한다. 이 접근 방식의 목적은 정서를 없애는 것이 아니라, 정서에 대한 비효율적인 반응으로 인한 고통을 감소시키는 것이다. 예를 들어, 자신이 잘못한 것이 없을 때, 두려움이나 분노를 느끼면 지지적인 파트너를 맹렬히 비난할 것이다. 이러한 반응은 당신과 자신의 파트너에게 추가적인 고통을 야기한다. 변증법적 행동치료(DBT)는 힘든 감정이 파괴적이거나 나쁜 태도의 결과가 아니라는 점을 구분하는 것이다. 이러한 정서들이 단순히 느껴진다는 뜻으로, 여기에 마음챙김과 수용이 들어오는 지점이다. 정서 조절은 감정과 '행동 충동'을 구분하는 법을 배우는 데 도움을 주고 이는 당신이 반응이나 행동에 옮기기 전에 사고와 감정을 성찰할 수 있게 한다.

🐾 고통 감내력

고통과 괴로움은 삶의 기본적인 부분이며, 슬프게도 고통과 괴로움을 완전히 피할 수는 없다. 변증법적 행동치료(DBT)에서 고통 감내력의 목적은 고통스러운 정서를 능숙하게 다룰 수 있도록 하는 것이다. 때때로 숙련된 행동에는 수용을 수반하여, 현실에 저항하거나 바꿀 필요 없이 현실을 있는 그대로 받아들인다. 어떨 때는, 고통 감내력과 같은 숙련된 행동을 통해 건강하지 않은 상황에서는 언제 떠나는 것이 중요한지 알아차리는 것과 같은 변화를 필요로 한다.

🐾 대인관계 효율성

변증법적 행동치료(DBT) 기술에서 대인관계 효율성을 위해 학습해야 할 중요 포인트는 자기주장, 경계유지, 갈등 해결이다. 자기주장성은 비록 당신이 거절을 당하거나 거절당할 위험이 있다고 생각할지라도, 자신이 필요한 것을 요구할 수 있는 능력을 개발하는 데 초점을 맞춘다. 자기주장은 자기존중과 자존감을 기르는 것이다. 대인관계 효율성을 위한 기술로는, 남을 비하하는 말이나 욕을 하는 것과 같은 언어적 학대를 삼가고, 자신과 타인을 존중하며, 자신이 공정하게 행동하고 있는지 확인하고, 잘못했을 때 사과하고, 진실하게 행동함으로써, 갈등을 부드럽게 해결하는 법을 배우는 것이 있다. 이러한 기본적인 기술은 내면의 강점과 긍정적인 자존감을 위한 강력한 촉매제가 될 수 있다.

개인 연습

대인관계 효율성에 대한 몇 가지 일반적인 근거 없는 믿음이나 잘못된 신념을 살펴보도록 하자.

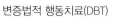

- 실수를 한다면 내가 약하다는 것이다.

- 누군가 승낙할 것을 이미 알고 있지 않으면 나는 요구를 할 수가 없다.

- 필요한 것을 요구하면, 내가 지나치게 밀어붙이는 것이다(나쁘고 이기적이다).

- '아니요'라고 말하는 것은 이기적이다.

- 누군가가 나에게 화를 내면 나는 자동적으로 잘못했다고 느낀다.

- '아니요'라고 말하는 것보다 나 자신의 욕구를 희생하는 것이 더 중요하다.

이런 신념들을 어떻게 도전할 수 있을지 당신 자신의 대안적 신념을 적어 보자. 이러한 근거 없는 믿음이나 잘못된 신념들을 바라보는 데 좀 더 도움이 되는 방식에는 어떤 것이 있는가?

_____

_____

_____

_____

_____

_____

_____

_____

_____

집단치료

집단치료는 개인상담에서 제공할 수 없는 강력한 이점이 있다. 집단에 참여하는 것이 처음에는 위협적일 수 있지만, 그 보상은 위험을 능가하는 경향이 있다. 예를 들어, 유사한 경험을 지닌 다른 사람들과 자신의 트라우마에 대해 이야기하는 것은 자신이 과거에 대해 더 편안함을 느끼고 고립감을 줄이는 데 도움을 줄 수 있다. 자신이 지금까지 무엇을 겪어 왔는지 이해하는 다른 사람들과 관계를 발전시킬 수 있고, 그렇게 함으로써 자신이 혼자가 아님을 발견한다.

때로는 집단치료 전에 개인상담을 통해 다른 사람들과 함께 나누면서 받기 쉬운 상처를 견디도록 하는 것이 중요하다. 또한 일반적으로 집단치료와 개인상담을 동시에 병행하면서 참석하기도 한다. 두 종류의 집단치료 유형이 있는데, 하나는 마음챙김, 고통에 대한 감내력, 정서 조절, 대인관계 기술과 같은 개인 기술 함양에 초점을 맞춘 기술 기반의 심리교육 집단이고, 나머지 하나는 다른 집단원들과의 상호작용을 통해 신뢰를 구축하고, 피드백을 주고받으면서 실제적인 갈등을 집단에서 작업하는 과정 중심의 집단치료이다.

사실, 우리 모두는 관계의 상처를 치유하기 위해 서로를 필요로 한다. 불행히도, 우리 문화에는 상처받기 쉬운 정서에 대한 집단적 사각지대가 존재한다. 상처받기 쉬운 정서에 대한 낙인은 건강한 가정에서도 존재한다. 고통을 최소화하거나, 그렇지 않을 때 멀쩡한 척하거나, 감정을 얼버무리도록 배웠을지도 모른다. 치유를 위해서 자신의 조건화된 은신처로부터 벗어나는 것이 중요하며, 다른 사람들이 진정성 있는 존재를 향한 당신의 갈망을 함께한다는 것을 인식하는 것이 중요하다. 치료집단은 공동체 장면에서의 개방과 치유를 위한 안전지대를 제공한다.

EMDR 치료

프랑신 샤피로(Francine Shapiro) 박사가 개발한 안구운동 둔감화 및 재처리 요법(Eye Movement Desensitization and Reprocessing: EMDR)은 몇 가지 다른 치료요소들을 통합한 포괄적인 접근법이다. EMDR 치료는 촉발 기억, 정서, 신념 및 감각을 식별하여 PTSD를 치료하도록 구조화되었다. 이는 충분한 지지를 받으면 외상 사건을 처리하고 소화할 수 있는 능력이 생길 것이라는 개념에 의한다. 그 결과 당신은 자기비판적 신념과 고통스러운 정서를 떨쳐버릴 수 있게 될 것이다.

8단계 치료 모델

EMDR 치료는 8단계로 구분된 치료 모델을 사용한다. 초기 단계에서는 외상 기억과 그것과 관련된 부정적 신념을 확인함으로써 트라우마를 처리할 준비를 한다. 그런 다음 자신의 증상을 심도 있게 살펴봄으로써 자신의 발달사를 검토한다. 예를 들어, 불안정감은 개인의 발달사적 경험에 뿌리를 둔 증상이다. 둔감화 단계에는 과거 외상 사건에 대한 기억을 동시에 떠올리면서 현재 순간의 경험을 계속 인식해야 하는 이중 자각 상태를 사용한다. 안구운동, 버저 또는 몸을 좌우로 번갈아 가며 음색을 내는 형태의 자극을 이용하여 이중의 주의집중을 증폭시킨다. EMDR 치료의 후기 단계에서는 긍정적인 신념을 강화하는 데 초점을 맞추고 있다.

EMDR 치료 기반의 트라우마 회복탄력성을 위한 자원

EMDR 치료의 준비 단계에서는 무섭고 때로는 압도적인 외상 관련 기억을 돌볼 수 있는 자원을 구축한다. 이러한 자원(리소스)으로는 다음 사항을 포함한다.

- **안전한 장소**: 현실 혹은 상상의 장소, 그리고 자신이 안전하다고 느끼는 장소를 식별하여 자신의 몸과 마음이 이완되고 편안하도록 지원해 주는 장소를 가지도록 한다.
- **봉인하기**: '상상 속의 컨테이너', 즉 고통스러운 사고, 감정, 기억을 담을 수 있을 만큼 크고 튼튼한 장소나 물건을 개발한다. 이 컨테이너는 외상 기억 처리에 적극적으로 관여하지 않으려 할 때에 일시적으로 사용하기 위한 것이다.
- **지원군**: 양육, 보호, 지혜롭고 현명한 대상과 관련된 이미지나 실제 존재를 확

인한다. 지원군은 사람, 동물 또는 영적 또는 종교적인 인물(위험에서 보살펴 주고, 보호해 주고 통찰을 주는 대상)이 될 수 있다.

EMDR의 후기 단계

EMDR 치료의 후기 단계에서는 과거의 사건을 재처리할 뿐만 아니라 현재의 더 많은 선택을 촉진하는 데 필요한 긍정적인 신념도 확인한다. 예를 들어, 한 개인이 더 이상 자신이 사랑받을 수 없다는 잘못된 신념을 갖지 않게 되면, 자신이 사랑받을 가치가 있다는 새로운 긍정적인 신념을 발전시키고 통합하기 시작한다.

개인 연습

주요 자원 확보는 안전하거나 평화로운 장소를 시각적으로 상상하는 것이다. 왜냐하면 그 안전한 장소는 스트레스와 트라우마로부터 당신의 몸과 마음을 가장 잘 이완시켜 줄 것이기 때문이다. 안전하고 평화로운 느낌을 불러일으키는 장소를 생각해 보라. 안전장소는 당신이 실제로 가본 장소, 영화의 한 장면 혹은 전적으로 상상에 의한 어떤 것이 될 수도 있다. 어떤 사람들은 바다 근처에 앉거나 개울가에 앉는 것과 같이 자연에서 가장 좋아하는 환경을 선택한다. 또 어떤 사람들은 애완동물이나 사랑하는 사람에 대해 생각하는 것을 선택한다. 안전한 장소의 이미지를 떠올릴 때 가장 중요한 고려사항은 그것이 진정으로 당신에게 안전하다고 느끼는 것이다.

여기서 심상화를 향상시키기 위해 당신의 감각을 사용할 수 있다. 뭐가 보이는가? 무슨 소리가 들리는가? 무슨 냄새가 나는가? 안전한 장소를 심상화할 때, 당신의 사고가 심상화를 방해한다면 개선의 필요성이 있음을 알아차려야 한다. 예를 들어, 어떤 여자의 평화로운 장소는 야생화가 만발한 초원에 있었다. 그런데 그녀가 안전한 장소를 시각적으로 상상하는 동안, 한 사자가 그녀의 안전감을 방해하며 그 장면으로 들어온 것이다.

안전한 장소 확보에 차질이 생겼을 때는 실제로 안전감에 힘을 주는 지원군을 만들라는 신호로 볼 수 있다. 그녀의 경우, 우리는 초원 주위에 벽을 추가하고 초원에 침입자가 들어오지 못하도록 경비원을 배치했다. 보호자를 추가하고, 양육자를 초대하거나, 상상 속의 안전한 장소에 지원군 역할을 하는 동물을 배치함으로써 자신만의 심상화를 향상시킬 수 있다.

잠시 시간을 내어 안전한 장소를 시각적으로 상상하고 기록해 보라. 필요에 따라 이 긍정적인 느낌과 연결되는 능력을 강화하기 위해 규칙적으로 자신의 안전한 장소를 상상하는 것이 도움이 된다.

_____

_____

_____

_____

신체기반 심리치료

신체기반 양식은 마음보다는 몸에 초점을 맞추는 치료적 접근법이다. 피터 레빈(Peter Levine)이 개발한 Somatic Experiencing®[1]과 팻 오그든(Pat Ogden)이 개발한 감각운동 심리치료(Sensorimotor Psychotherapy)와 같은 치료법은 외상 사건의 정신적, 생물학적 충격을 해소하기 위해 몸의 신체 자각에 주의를 기울인다. 추론과 논리만으로는 외상을 치료하기에 충분하지 않다. 무서운 경험에 노출되면 호흡이 빨라지고 온몸에 긴장이 생긴다. 외상을 처리하기 위해서는 호흡과 움직임이 필요하다.

하지만 우리의 문화는 외상을 직면하더라도 침묵하는 경향이 있다. 외상 처리

---

1 [역자 주] Somatic Experiencing®: 이 용어는 국제 Somatic Experiencing 본부의 요청으로 원어 그대로 표기하였다.

과정에서 몸에 대한 신체 자각을 활용하지 않았을 때, 타고난 자신의 치유 능력을 억제하게 된다. 신체 자각, 즉 몸의 감각에 대한 알아차림은 과거의 트라우마가 더 이상 당신을 지배하지 않을 때를 인식하도록 몸의 피드백을 판단하는 방법을 가르쳐 준다.

신체 자각

신체기반 심리치료사들은 내담자들이 몸의 신체 감각에 대해 관심을 갖도록 한다. 강렬한 정서나 감각을 경험 중인 몸에다가 마음을 알아차리고 머물도록 연결시키는 것은 내담자들이 정서적인 강도를 더 효과적으로 조절하고 반응하도록 돕는다. 신체적 긴장과 호흡 패턴에 대한 단순한 알아차림만으로도 치유 과정을 시작하는 것이다.

시퀀싱

시퀀싱(sequencing, 순차적 몸 자각)이란, 몸의 중심부에서 사지를 통해 긴장이 빠져나가는 것을 말한다. 이것은 자발적이지는 않지만, 무언가를 움직이고 싶은 충동을 따르는 것과 같은 마음가짐의 요동을 통해서도 시퀀싱을 촉진할 수 있다. 시퀀싱은 몸의 투쟁-도피, 얼어붙음 반응과 관련된 긴장 패턴을 해소할 수 있기 때문에 도움이 된다. 때때로 팔이나 다리에 눈에 보이는 떨림으로 시퀀싱이 일어난다. 줄리의 이야기에서 볼 수 있듯이 어떤 때에는 움직임의 형태로 시퀀싱을 경험하기도 한다.

줄리는 어린 시절 성적 학대를 겪은 적이 있었다. 자신의 과거를 말하면서 그녀는 몸을 웅크리고 구부리고 싶은 충동을 느꼈다. 그녀는 마치 숨어 있었던 것처럼 조심스럽게 몸을 웅크려 팽팽한 공 모양을 만들었다. 몇 분 후, 그녀는 팔을 밀어내고 다리를 걷어차고 싶은 욕구를 느꼈다. 그녀는 천천히 이런 자기보호적인 움직임에 참여했다. 일단 움직임 없이 고요한 상태로 돌아왔을 때, 그녀는 자신의 몸에 새로운 느낌을 묘사했는데 그것은 강하면서도 평온한 것이었다.

🌿 안정화 작업

안정화 작업이란 신체 감각을 감지하는 능력, 땅에 발을 딛고 있다는 것을 느끼는 능력이며, 그 결과 당신의 신경계를 안정화시키는 것을 말한다. 이러한 개념은 신체기반 심리치료의 핵심이다. 안정화 작업은 트라우마와 감정적 압도에 대한 핵심 자원(리소스)이다. 당신의 감각(청각, 시각, 후각, 미각, 촉각)은 현재 순간에 자기 자신을 진정시키기 위한 도구다.

⚓ 자기(Self)의 다른 인격체 유형(파트)과의 작업

복합-PTSD 치료는 회피 증상, 침습 증상, 우울 증상을 이해하기 위한 방법으로 종종 '인격체 유형(파트)과의 작업'을 말한다. 흔히 자아상태 치료라고 불리는 이 치료 접근법은 원치 않거나 수용할 수 없는 감정과 기억을 버티기 위해 자기의 다른 인격체 유형(파트)을 발달시킨다는 것을 말한다. 자아상태는 종종 외상 기억과 관련된 자신의 삶의 어릴 적 발달 단계를 반영하는 부분이다. 그래서 자기의 다른 인격체 유형이 가끔 상처 받은 아이나 반항적인 10대처럼 느껴질 수 있는 이유다. 인격체 유형은 또한 원가족으로부터 내면화된 형태로 표현될 수 있다. 예를 들어, 내면의 비평가는 어린 시절부터 비판적인 부모의 내면화된 형태라고 생각할 수 있다. 많은 치료법이 치유 과정에서 다른 인격체 유형과 함께 작업을 하지만, 여기서는 리처드 슈워츠(Richard Schwartz) 박사가 개발한 내면가족체계치료(Internal Family Systems: IFS) 방법을 자세히 살펴보도록 하자. 그는 자기(Self)의 다른 인격체 유형으로 다음의 세 가지 종류를 확인했다.

• **추방자형 인격체**: 추방자형 인격체는 트라우마의 무거운 짐을 지니고 다닌다. 그것은 극심한 분노, 의존, 수치, 두려움, 외로움, 상실과 같은 고통스러운 기억과 정서로부터 거리를 두기 위한 방

법으로서 의식적인 자각을 차단한 인격체 유형이다. 이러한 추방자형 인격체는 어리고 취약한 부분으로 덜 성숙하게 느껴지는 경우가 많다.

- **관리자형 인격체**: 관리자형 인격체는 통제력을 유지함으로써 취약한 감정으로부터 자신을 보호하려고 한다. 그들은 지나치게 경직되고 자기비판적이거나 계획 또는 보살핌과 같은 정해진 역할에 크게 의존하는 경향이 있다.
- **소방관형 인격체**: 소방관형 인격체는 추방자형 인격체가 나타나려고 할 때 그들을 진압하기 위해 행동한다. 소방관형 인격체는 자신의 근본적인 정서적 취약성으로부터 주의를 분산시키기 위해 약물, 자해 또는 해리를 이용한다.

슈워츠 박사는 내면가족체계치료(IFS)의 목표를 자기(Self)와의 관계를 발전시키는 것이라고 제안하며 자기(Self)란 자신이 누구인가를 의미한다. 이러한 자기의 중심을 갖고 살아가고 있을 때, 침착하고, 자신감 있으며, 열정적인 능력을 발휘할 수 있다. 자기(Self)는 당신 자신의 지혜나 내면의 지식의 원천이다. 당신이 자기(Self)로 살고 있을 때, 자신의 다른 인격체 유형을 조절할 수 있으며, 내적인 신뢰감, 조화 그리고 유대감이 가능하다.

개인 연습

바디스캔은 신체적 자각을 개발하는 데 도움이 되는 필수적인 도구다. 안내에 따라 다음 연습 절차를 탐구해 보도록 하자.

- 몇 분 동안이라도 앉아서 몸을 지탱할 수 있는 편안한 의자 또는 쿠션의 위치를 찾아보라. 이 연습의 목적은 판단 없이 자신의 몸에 대한 자각을 기르는 것이다. 각각의 지시사항을 읽으면서, 잠시 시간을 내어 자신의 감각과 경험에 대한 자각을 높이는 몸의 각 영역을 조율해 보라.
- 먼저 호흡에 주의를 기울여 보라. 긴장감, 부담감 또는 속박감 등 무엇이든 당신이 느끼고 있는 모든 것을 위한 공간을 마련해 두라.

- 자, 이제 당신의 발, 다리, 골반에서 무엇이 느껴지는지 알아차려 보라. 근육과 피부에서 느껴지는 감각을 주목해 보라.

- 그런 다음, 복부와 등 아래쪽에 있는 어떤 감각을 알아차리면서 자신의 몸통으로 주의를 기울일 때 심호흡을 해 보라. 척추와 가슴이나 등 윗부분의 감각에 주목해 보라.

- 이제 어깨, 팔, 손에서 무엇이 느껴지는지 알아차려 보라. 긴장 또는 이완되는 모든 부위에 주목해 보라.

- 마지막으로 목, 목구멍, 얼굴에 주의를 기울여 보라. 당신의 눈, 입, 혀와 머리의 일반적인 감각을 주목해 보라.

- 바디스캔을 마친 다음, 마지막 순간에 자신의 몸 전체에 주목해 보라.

- 당신이 경험한 것을 적어 보라.

- 바디스캔은 처음에는 신체의 긴장 패턴을 자각을 높이는 데 도움이 된다. 이러한 자각을 기반으로 당신은 자신의 감각에 대한 호기심을 심화시키거나, 이완법을 사용하여 버티기를 해제할 수 있다.

- 예를 들어, 어깨의 긴장이 감지되면 귀쪽으로 어깨를 조금 더 높이 들어 감각을 증폭시킬 수 있다. 어깨를 꼭 껴안고, 긴장감을 높일 때 어떤 기분이 드는지 주목해 보라. 어떤 정서가 올라오는가? 당신은 어떤 사고가 떠오르는가? 그다음에는 의식적으로 어깨를 풀어 주라. 긴장과 이완의 대조되는 경험에 주목해 보라. 당신은 지금 무엇을 알게 되었는가?

치유 가이드의 하나로 몸 자각의 힘을 기르기 위해서는 규칙적으로 바디스캔을 반복하는 것이 도움이 된다.

보완대체의학(CAM)

이완, 마음챙김, 요가와 같은 보완대체의학(Complementary and Alternative Medicine: CAM)의 개입은 PTSD의 보조 치료로서 많은 정신건강센터와 병원에서 통합해 왔다. 이러한 보완대체의학은 자율신경계(ANS)를 조절하는 작용을 한다. 자율신경계는 교감신경계 및 부교감신경계 상태로 구성되어 있다는 점을 기억하라. 당신은 불안할 때 마음을 가라앉히며 휴식을 취하고 영양분을 취하는 역량에 의해 돌봄을 느끼는 최적의 방법으로 몸과 마음의 균형을 되찾을 수 있다. 하지만 복합-PTSD가 있으면 일반적으로 비합리적일 수 있거나 현실에 기반하지 않는 방식으로 상황에 반응한다. 그런 순간에는 걱정, 좌절 혹은 무망감이 자기 자신과 자신의 관계를 건강한 방식으로 돌볼 수 있는 능력을 방해할 수 있다.

 긍정심리학과 회복탄력성

긍정심리학은 진단이나 결함보다는 강점과 역량에 초점을 맞춘다. PTSD 치료에서 긍정심리학의 과학적 응용은 당신이 외상을 겪었더라도 회복할 수 있는 능력을 가지고 있다는 점을 인식하도록 한다. 당신은 역경에도 불구하고 잘 적응할 수 있고 심지어 역경에 의해 더 강해질 수 있다. 예를 들어, 외상을 겪은 많은 사람은 행복에 대한 전념, 삶의 목적과 결단력이 강화된다는 보고가 있다. 그 전략에는 다음과 같은 것이 있다.

- 긍정적인 삶과 부정적인 삶의 사건 모두를 통해 성장할 수 있다고 믿는 성장 지향의 마음가짐을 기르고자 한다.
- 자신을 고립시키는 대신 자신의 공동체에 연결이 되어 있다.
- 힘든 정서를 성공적으로 겪어 낸다.
- 지금 자신의 삶의 방향을 결정할 수 있는 역량이 있다고 믿는다.

- 운동과 움직임을 통해 신체건강을 유지하고 있다.
- 글쓰기와 창조성을 통해 자기 자신을 표현한다.

회복탄력성은 하나의 과정으로 매일마다 신체적·정신적·정서적·사회적·영적 건강을 위한 지원에 적극적으로 참여할 때 가장 잘 발휘된다. 친구에게 전화를 걸거나, 5분 동안 글을 쓰거나, 거리를 산책하는 등 작은 행동으로도 회복탄력성을 기를 수 있다. 이러한 각각의 단계들이 전체적으로는 별것 아닌 것처럼 작아보일 수도 있지만, 그것들은 당신이 강하고, 이완되고, 역량이 있고, 세상의 다른 사람들과 더 연결되어 있다는 유대감을 느끼도록 도와줄 수 있다. 이 책에서 제시한 '개인 연습' 과정은 당신의 회복탄력성을 개발하고 긍정적인 마음가짐을 강화하기 위한 것이다.

　메리는 불안과 불신으로 힘들다는 것을 함께 나누면서 심리치료를 시작하였다. 그녀는 낮에 종종 남자 친구에게 문자나 전화를 한다고 했다. 그가 직장에 있고, 바빠서 전화를 확인할 시간이 없다는 것을 알고 있다고 말했다. 하지만 그녀는 긴장을 풀 수가 없다. 그녀는 불안감을 느끼기 시작하고 그가 자신을 떠나 다른 여자를 만날 계획을 가지고 있다고 믿기 시작한다. 불안감이 쌓이면서 그녀는 분노와 버림받은 느낌을 가지게 된다.
　때때로 메리는 너무 흥분해서 그가 대답할 때까지 반복적으로 전화하고 문자를 보내서 그의 사랑을 재확인하곤 한다. 하지만 남자 친구에게서 전화가 오지 않으면, 결국 전화기를 끄고 그가 집에 올 때까지 멍하니 TV를 보면서 자기 자신을 무감각하게 만들었다. 그 시점에서 그녀는 너무나 마음이 아프고 원망스러워서 자기도 모르게 그를 밀어내 버리고 만다.

　메리의 경험은 우리가 평온하고 마음을 알아차릴 수 있는 도구가 없을 때 어떻게 버림받은 느낌, 불안, 그리고 기진맥진의 감정이 지배할 수 있는지에 관한 일반적 흐름을 보여 준다. 이 하향곡선 이면에 있는 신경과학적 배경을 자세히 살펴보도록 하자. 미주신경은 뇌를 소화기 계통, 심장, 폐, 목 그리고 얼굴 근육과 연결하기 때문에 자율신경계 시스템 조절의 중심적인 역할을 한다.

스티븐 포지스(Stephen Porges) 박사는 다미주 이론을 소개하면서 신경계는 다음 세 가지의 발달적 진화 단계 적용이 가능하다고 제안한다.

- 스트레스 사건을 경험할 때, 당신의 자율신경계 시스템은 투쟁-도피 반응에서 교감신경계 이동으로 반응한다. 이 과정은 당신을 보호하고 안전을 재확립하도록 돕는 것을 목표로 한다.
- 만약 스트레스 상황을 해결할 수 없거나 생명을 위협하는 사건에 직면한다면, '등쪽 미주신경계(DVC)'에 의해 유지되는 초기 진화 메커니즘을 이용할 것이다. 미주신경계의 부교감계가 피로, 우울 또는 해리와 같은 방어적인 행동을 촉진함으로써 갑작스럽게 교감신경계에 브레이크를 밟는다. 즉, 기절하거나 죽은 척하는 것이다.
- 자율신경계 시스템을 조절하기 위해서, '배쪽 미주신경계(VVC)'라고 불리는 미주신경계의 가장 최근에 진화한 부교감계 혹은 대안적으로 사회적 신경계에 관여할 필요가 있다. 다미주 신경계는 교감 활성화 시 고도로 정제된 브레이크 역할을 하며, 평온 및 진정 효과가 있다.

중요한 것은 등쪽 미주신경계(DVC)와 배쪽 미주신경계(VVC) 모두 교감신경계에 억제를 가하는 부교감 작용이 있다는 점이다. 등쪽 미주신경계(DVC)는 부정적인 방법(해리, 무력감, 자포자기)으로 교감신경계를 억제하는데, 이는 심신 건강에 심각한 영향을 미칠 수 있다. 반대로, 배쪽 미주신경계(VVC)는 안정감과 유대감으로 당신으로 하여금 휴식을 취하고, 소화시키며, 긴장을 풀 수 있게 하기 때문에 건강하고 정서적인 삶의 질을 증가시키는 것과 관련이 있다.

주 양육자와 분리된 어린 아이를 생각해 본다면 이 과정을 더 잘 이해할 수 있을 것이다. 처음에는 아이가 울면서 매달리는데, 이는 전형적인 분리 불안에서 나타난다. 만약 다른 어른이 달래주거나 양육자와 다시 유대감을 가진다면, 그 고통은 결국 해결될 것이고 아이는 편하게 쉬거나 놀 것이다. 하지만 아이가 어떠한 배려 반응이나 유대감의 재경험이 없는 상태에서 울면 어떻게 될까? 아마도 아이들은 스스로 자기 마음을 달래는 능력을 발달시키겠지만, 그렇지 않으면 그 고통을 지속할 것이다. 소리를 지르고 울어도 다시 유대감과 안전감이 생기지 않을 때, 아이들은 결국 무력감에 빠지거나 피곤한 채로 잠이 들 수 있다.

반복적인 연습을 통해 자신의 사회적 신경계를 강화해 나간다. 이상적으로는 이러한 연습 과정이 아동기에 애정 어리고 일관된 양육자와 함께할 때 발생한다. 그러나 아동기 초기 방임이나 학대의 상황에선 그렇지 않다. 다른 방식으로 자신의 사회적 신경계를 발달시키는 것이 핵심이다. 이것은 심리치료사와 함께하는 것 같은 성인기의 건강한 관계 내에서 발생한다. 이완, 마음챙김 수련, 태극권, 기공, 요가와 같은 보완대체의학 치료법은 모두 사회적 신경계를 강화시킨다.

🌱 이완법

이완법은 복합-PTSD의 치유에 유익하다. 가장 일반적이면서도 연구를 통해 충분히 검증된 이완법으로는 점진적 근육이완, 상상법, 복식 호흡법 등이 있다. 이러한 각각의 이완법은 연습을 통해 자신의 몸을 평온하게 만드는 데 초점을 맞출 수 있다. 점진적 근육이완에서는 몸 전체를 통해 다양한 근육군(예: 팔, 다리, 몸통, 목)을 절차에 따라 긴장시키고 이완시킨다. 상상법은 마음이 편안했던 시절의 기억을 떠올리고, 몸이 상상한 대로 천천히 반응할 수 있도록 하는 것이다. 그리고 율동적 복식호흡법, 즉 '배로 하는 복식호흡법'은 몸이 투쟁-도피 반응에 있다면 자신의 몸을 평온하게 만드는 데 도움을 준다.

신경계를 조절하기 위해서는 자신의 흥분 상태를 감지하고 효과적으로 반응할 수 있는 역량을 개발하는 것이 중요하다. 이것을 통해, 자신이 흥분하거나, 불안하거나, 짜증이 나거나, 공황상태에 빠지면 '너무 뜨거운(too hot)' 것으로 인식하고, 자신이 정서적으로 차단되거나, 우울하거나, 절망적이면 '너무 차가운(too cold)' 것으로 인식한다. 효율적인 조절 연습의 목표는 '정확히' 느끼기 위해 필요한 것에 따라 긴장을 늦추거나 다시 활력을 되찾는 것이다.

마음챙김

심리치료에서의 마음챙김은 실제로 현 순간에 대한 알아차림, 즉 비판단적인 마음가짐, 신체 감각에 초점, 이완법, 호흡 패턴에 대한 자각을 기르는 것이다. 마음챙김은 정신적, 신체적 건강에 유익한 것으로 많이 입증되어 왔다. 잘 알려진 두 가지 프로그램은 존 카밧진(Jon Kabat-Zinn) 박사가 스트레스와 불안을 관리하기 위해 개발한 마음챙김 기반 스트레스 감소(Mindfulness-Based Stress Reduction: MBSR), 진델 시걸(Zindel Segal) 박사와 동료들이 개발한 마음챙김 기반 인지치료

> 회복탄력성은 당신이 가지고 있거나 가지고 있지 않은 특성이 아니다. 누구나 배우고 실천할 수 있는 일련의 전략인 것이다.

(Mindfulness-Based Cognitive Therapy: MBCT)가 있는데, 이 프로그램들은 주요 우울장애 치료에 마음챙김을 적용한 것이다. 마음챙김 실제에 관한 연구에서는 불안, 우울, 수면장애, 천식, 만성 통증, 섬유근육통, 심장병, 위장병, 당뇨병의 개선에 효과적인 것으로 드러났다.

🌱 치료적 요가

요가는 스트레칭 연습이 아니다. 요가는 마음챙김, 의식적 호흡, 신체적 자각의 맥락 안에서 신체적인 자세를 탐구할 수 있는 기회를 제공한다. 자기 연민을 함양하면서 순간순간의 경험을 알아차릴 의도로 요가에 임하도록 한다. 치료적 요가는 포즈의 겉모양에 관심이 적으며, 자기비판적 성향이나 완벽주의적 성향이 있다면 오히려 해가 될 수 있다. 그 대신 치료적 요가 연습의 핵심 요소는 정서적으로나 육체적으로 안전하다고 느끼는 환경을 스스로 제공하고 거울의 사용을 최소화하며 온화하고 비판단적인 분위기를 만드는 것이다.

한 여성의 안전한 장소는 할머니의 부엌이었다. 그녀에게는 벽지와 창문을 통해 들어오는 불빛이 보였다. 자신과 할머니가 쿠키를 만드는 동안 서로 어떻게 말하고 웃었는지 기억했다. 그녀는 오븐에서 쿠키 냄새가 나는 것을 상상했다. 이 모든 것이 편안한 기억을 되살려, 지금 이 순간에도 안전하고 평화롭게 느낄 수 있었다.

또한 연구에 따르면, 트라우마 치유 요가 프로그램이 PTSD 치료에서도 유익하다는 것을 보여 주고 있다. 이 치료 모델에서는 PTSD 심리치료의 보조 요법으로 트라우마 치유 요가 수업의 참석이 있다. 요가의 신체적 수련은 전사 자세나 엎드린 강아지 자세와 같이 스탠딩 자세로 힘을 기르는 것을 탐구할 기회를 제공한다. 아기 자세와 같은 회복요가 자세는 몸과 마음의 긴장을 풀어주고 내어 맡기기(surrender) 수련을 통해 보완요법 활동을 제공한다. 요가 수업에 참여함으로써 공동체 의식을 발전시키고 PTSD와 관련된 고립감을 줄이는 등의 부가적 혜택을 얻기도 한다.

마음챙김에 관한 다섯 가지 근거 없는 믿음

마음챙김이라는 가치 있는 치유 도구에 참여하고자 할 때, 내색하지는 않지만 일부 사람에게 공통된 잘못된 믿음과 오해들이 있다. 마음챙김에 관한 근거 없는 믿음을 해소시키기 위해 그 내용이 무엇인지 자세히 살펴보도록 하자.

- **근거 없는 믿음 1**: 마음챙김은 종교에 관한 것이다. 당신은 불교 신자가 될 필요가 없다. 마음챙김은 인간이 실행할 수 있는 호기심과 비판단적 자기관찰 방식으로 누구든지 연습에 의해 가능한 것이다.

- **근거 없는 믿음 2**: 마음챙김은 명상이다. 명상이 마음을 챙기는 연습을 할 기회를 제공하지만, 이 두 가지가 반드시 동의어는 아니다. 마음챙김의 목적은 어디서나 알아차림 하는 것이다. 당신은 음식을 먹거나, 설거지를 하거나, 산책을 하거나, 대화에 참여하면서도 마음을 챙기고 있는지 탐구해 볼 수 있다.

- **근거 없는 믿음 3**: 마음챙김은 깨달음에 관한 것이다. 마음챙김을 하는 것은 더 똑똑해지거나, 더 나아지거나, 초인적인 것이 아니다. 마음챙김은 자기 자신의 인간성과 자기 주위의 단순한 것들을 정직하게 성찰할 수 있는 역량을 개발하면서 깊이 겸손해지는 것이다.

- **근거 없는 믿음 4**: 마음챙김은 이완하는 것이다. 가끔은 그렇지만 항상은 아니다. 단순히 주의를 기울이는 것만으로도 피하고 있었던 갈등이나 격변하는 정서에 대한 자각을 높일 수 있다. 하지만 마음챙김은 또한 자신에게 힘든 경험을 더 의식적으로 작업할 수 있는 도구를 제공해 줄 수 있다.

- **근거 없는 믿음 5**: 마음챙김은 자기 계발에 관한 것이다. 마음챙김 연습 중에 산만해지는 것은 정상이다. 자신에게 좌절하지 말고, 조심스럽게 자신의 주의를 호흡과 현 순간으로 되돌려 놓는 연습을 해 보도록 하자.

개인 연습

호흡 조절은 신경계를 조절하는 가장 빠른 방법 중 하나이다. 이 호흡 연습의 목적은 몸과 마음을 이완하고 마음의 평온을 위해 호흡 속도를 늦추는 것이다. 이 연습은 동일한 숫자만큼 숨을 들이마시고 내쉰다. 숫자 4를 세는 것으로 시작해 보라. 연습이 익숙해짐에 따라 이 숫자를 더 늘릴 수 있다.

편안하게 앉을 수 있는 위치를 찾아보라. 무엇이든지 당신이 다음 몇 분 동안이라도 편안하게 앉을 수 있도록 해 줄 의자나 바닥의 쿠션에 앉아 보라. 잠시 시간을 내어 당신의 신체적 감각에 주의를 기울여 보라. 긴장된 부분이 있는가?

좀 더 이완되거나 편하게 느끼는 부분이 있는가? 이제 코로 천천히 들이마시며 4를 세고, 숨을 천천히 내쉬면서 4를 세어 보라. 다음 2분 동안 이 호흡의 사이클을 계속하라. 리듬감 있고 균형 잡힌 호흡에 반응하면서 몸과 마음의 변화를 주목해 보라. 시간이 지나면 연습 시간을 5분 이상으로 늘릴 수 있다.

이 호흡 연습의 결과로 당신은 무엇을 발견했는가? 당신이 경험한 몇 가지를 적어 보자. 필요에 따라 이와 같은 연습을 반복하라.

🔔 복합-PTSD를 위한 기타 치료법

기타 치료 방법들은 복합-PTSD의 치유를 위한 유익한 관점을 제공한다. 기타 치료 방법의 모든 내용을 심도 있게 논의할 수는 없지만, 몇몇 주목할 점은 다음과 같다.

- **수용전념치료**(Acceptance and Commitment Therapy: ACT): 스티븐 헤이스(Steven Hayes) 박사가 개발한 ACT는 인지행동치료의 한 형태로서, 심리적인 유연성, 지혜로운 행동 선택으로 현재 순간에 몰입하면서 살 수 있는 역량을 증가시키기 위해 수용과 마음챙김 전략을 사용하는 것이다. ACT는 치유를 지지하기 위해 은유법을 사용하기도 한다. 예를 들어, "감정은 날씨와 같다."는 말을 통해 마음챙김 걷기를 하면서 자신의 현재 감정을 예측하도록 한다. 오늘은 햇볕이 충분하게 내리쬐면서 평온한가, 아니면 사나운 회오리바람에 직면하고 있는가? 두 가지 상황 모두 어떻게 대비하겠는가? 그러한 연습은 상처받기 쉬운 감정에 주의를 기울일 필요가 있다는 것을 주목하도록 하며 이런 경우 아침에 출근하기 전에 마음챙김 걷기나 글쓰기 연습을 추가해야 한다.

- **이야기 노출치료**(Narrative Exposure Therapy: NET): NET는 복합-PTSD를 포함한 모든 외상성 장애에 대한 특수 치료법이다. 여기서 당신은 자신의 인생 이야기를 배경으로 '꽃과 돌'로 간주되는 주요 사건들을 확인할 수 있다. 꽃은 사람을 사랑하거나 개인적인 성취와 같은 긍정적인 사건이다. 돌은 자신을 힘들게 한 사건이나 생애사적 외상 사건이다. 이러한 치료의 목적은 꽃과 돌을 모두 포함시켜 완성한 생애사적 이야기를 발전시킴으로써 개인적인 정체감을 강화시키는 것이다.

- **뉴로피드백**(Neurofeedback): 뉴로피드백에서는 두뇌 활동의 변화를 학습할 때, 뇌 기능을 향상시키기 위해 EEG 모니터링을 사용한다. 컴퓨터 이미지화를 사용함으로써, '뇌 지도(brain map)'를 통해 직접적인 피드백을 받는데, 뇌 지도는 공포 센터와 같은 PTSD와 관련된 과도한 활동의 뇌 영역을 가리킨다. 여기서 당신은 두뇌의 가장 바깥 층을 활성화시키기 위해 몸과 마음을 이완시키는 방법을 배우는데, 그것은 사고 및 의사결정과 관련이 있다. 일반적으로, 뉴로피드백 20회기 정도로 당신 스스로 몸과 마음을 조절하는 방법을 이해할 수 있는 충분한 피드백을 줄 것이다.

치료 과정에서의 돌발 상황

어떤 심리치료 과정도 도전과 함정이 없을 수는 없다. 하지만 만약 당신이 치료 과정에서 발생하는 위험에 미리 대비한다면, 그것이 발생할 때 더욱 잘 다룰 수 있다. 치료 과정에서 발생할 수 있는 몇 가지 일반적인 어려움에 대해 살펴보자. 이를 통해 당신은 치료 과정에서 나타나는 돌발상황을 주의 깊게 탐색할 수 있을 것이다.

압도

당신의 힘든 과거를 '외면하기'보다 '바라보기' 시작할 때 고통스러운 증상이 증가하는 것을 알아차릴 수 있다. 이러한 힘든 과거는 일시적이다. 이런 고통스러운 증상들은 실제로 당신이 올바른 방향으로 바뀌고 있다는 신호로 생각하는 것이 도움이 된다. 과거를 떠올리는 것이 궁극적으로는 당신에게 큰 효과를 가져다 줄 것임을 명심하라. 그러나 너무 많은 고통스러운 증상이 한꺼번에 나타나면 치유가 위태로워질 수 있다. 감정적으로 홍수가 나거나 벅차면 재외상화를 느낄 수 있다. 외상에 관련된 기억을 떠올릴 때 언제, 어떻게 하는지에 대한 속도를 늦춤으로써 오히려 외상 기억에 대한 강도를 관리할 수 있다. 또한 압도되지 않도록 관리하는 방법으로서 지지적인 친구나 이완법과 같은 긍정적 자원(리소스)에 대한 연결을 강화할 수도 있다.

저항

일반적으로 치료 과정을 밀어내고 싶은 것은 자연스러운 일이다. 트라우마와 관련된 주제에 가까이 가는 것이 위협적으로 느껴질 수 있다. 그럴 때 당신은 이 책을 내려놓고 더 이상 읽지 않는 것이 좋을지도 모른다. 현재 치료를 받고 있다면 약속을 취소하거나 그냥 불참하려는 충동을 느낄 수도 있다. 치료 저항은 고통으로부터 자신을 보호하기 위해 시도할 수 있는 회피의 한 형태다. 치유되기를 갈망함에도 불구하고, 당신은 치료 과정을 벗어나고 싶어 할지 모른다. 저항의 예로는 자기 자신이나 심리치료사에게 거짓말을 하는 것, 치료 속도에 조급해지거나 화가 나는 것, 치유에 낙담하는 것 또는 치료에 지루함을 느끼는 것 등이 있다. 그러나 저항은 치유 경험을 방해할 수 있다. 다행스러운 것은 만약 당신이 심리치료에서의 저항을 직면하고 있다면, 제대로 된 방향으로 가고 있을 가능성이 높다는 것이다. 자신을 지지할 수 있는 심리치료사와 이 저항적 혹은 부정적인 감정을 꼭 함께 나누어야 한다. 지금까지 피해 왔던 것을 마주하게 되었을 때, 결국 기분이 좋아질 것이고 아마도 치유에 대한 장애물 중 하나를 다룰 수 있는 역량을 갖추게 될 것이다.

건강하지 않은 충동

심리치료의 또 다른 저항의 형태는 감정적 섭식, 음주, 약물 사용과 같은 중독 습관으로 전환하고 싶은 욕구다. 중독은 고통을 피하는 또 다른 방법인 것이다. 외상 기억을 회상할 때, 당신은 고통에서 벗어나기 위해 무언가 소비해 버리려는 충동이 증가하거나, 스스로 무감각해지는 것을 발견할 수 있을 것이다. 당신은 자신이 피하려는 것이 무엇인지 깊이 이해하고 긍정적인 대처 행동을 개발함으로써 중독 습관을 다룰 수 있다. 심리치료사와 이러한 행동에 대해 논의하고 자신이 힘든 감정을 견딜 수 있는 역량을 넓힐수록 중독 행동은 줄어들 가능성이 높다는 것을 이해하라.

완벽주의

심리치료는 깔끔하지 않고 지저분하기도 하고 종종 불편하기도 하다. 치유를 위해서는, 다른 사람들이 자신을 어떻게 보는지 관리해야 할 필요가 있다. 당신이 대부분의 사람과 같다면, 자신이 강하고, 유능하고, 총명하고, 통제력 있는 사람으로 보이는 것을 선호할 것이다. 하지만 아무도 항상 이런 감정을 느끼지 않는다는 것을 인식하는 것이 중요하다. 진실한 자신, 심지어 자신의 지저분하고 숨겨진 부분까지도 상담실로 가져오는 것이 치유를 위한 중요한 단계다. 이것은 일상생활에서 자신을 보호하기 위해 착용한 가면을 벗는 것과 자기 연민과 비판단으로 자신의 결함을 기꺼이 수용하는 것이다.

개인 연습

앞에서 제시된 치료 과정에서 발생할 수 있는 일반적인 방어 전략을 살펴보라. 당신은 어떤 방식과 관련될 수 있는가? 어떤 면에서 압도, 저항, 건강하지 못한 충동 또는 완벽주의가 당신의 치료 과정을 방해한다는 것을 알 수 있는가?

_____

_____

_____

_____

나는 치료 준비가 되었는가

복합-PTSD를 성공적으로 치유하려면, 지금 자신의 삶에서 안전하고 안정감을 느낄 필요가 있다. 예를 들어, 안전하지 않은 생활환경이나 현재의 활동성 중독 상태는 치유를 방해한다. 심지어 새 집으로 이사하거나 아기를 갖는 것과 같은 긍정적인 변화조차도 불안정해질 수 있는 것이다. 힘든 인생 사건에 대해 읽고 쓰는 것이 혼란스러운 정서를 불러일으킬 수 있다. 치유를 위해서는 충분한 자원(리소스)을 확보하는 것이 중요하다. 이 체크리스트를 사용하여 지금이 트라우마를 극복하기 위한 적절한 시기인지 확인하고 정서적으로나 신체적으로 필요한 것이 있는지 확인하라.

다음의 치료 준비도에 대한 질문은 미국 보건 및 인간 서비스부(US Department of Health and Human Services)의 약물 남용 및 정신건강 서비스국(Substance Abuse and Mental Health Services Administration)이 발표한 정신건강 서비스에서 트라우마 기반 케어(Trauma-Informed Care in Behavioral Health Services)를 위한 지침에 근거한 것이다. 이 질문에 대해 '예'라고 답한 경우, 자신에게 적절한 접근 방법을 협력을 통해 개발할 수 있는 심리치료사 또는 다른 정신건강 케어 제공자와 함께 자신의 답변을 논의해 보자.

- 이 시기에 당신의 치유를 방해할 만한 현재의 삶의 변화나 위기가 있는가?
- 당신은 지금 삶의 환경이나 관계 안에서 안전하지 않다고 느끼는가 아니면 불안정하다고 느끼는가?
- 최근 삶의 안정을 방해하는 외상 사건들에 직면해 본 적이 있는가?
- 당신은 심각한 질병이나 신체적인 건강 위기를 겪고 있는가?
- 최근에 자해를 한 적이 있는가?
- 최근에 자살 계획이나 자살 시도를 해 본 적이 있는가?
- 당신은 무감각한 시기, 자신의 삶을 살고 있지 않은 것 같은 느낌, '시간 소실' 또는 기억상실 등의 심각한 해리 증상이 있는가?
- 당신은 치료받지 않은 활동성 섭식장애가 있는가?
- 마약이나 술을 과도하게 하는가?
- 만약 당신이 술에 취하지 않았다면, 술에 취하지 않는 상태가 1년도 안 되어서 재발할 위험이 더 커질 수 있겠는가?
- 당신은 필요한 안정화 자원(리소스)(예: 심리치료사, 정신과 의사, 보건 서비스 이용, 필요한 경우 후원자)이 부족한가?

치유 로드맵

임상 정신과 전문의와 트라우마 전문가인 주디스 허먼(Judith Herman) 박사를 포함한 대부분의 트라우마 치료 전문가들은 치유와 회복이 3단계를 거쳐 이루어진다고 본다. 이 책에서 언급된 치료법에 적용되는 치유 3단계를 좀 더 자세히 살펴보도록 하자.

- 1단계: 이 단계의 주요 작업은 안정감과 안전을 발전시키는 것이다. 여기서는 방어적인 회피 행동을 확인하고 자기 수용과 자기 연민을 위한 도구가 되어줄 마음챙김 훈련을 배우는 것이다. 이를 통해 당신은 트라우마 처리에 대한 준비를 돕기 위한 도구적 자원(리소스)을 개발하게 된다.
- 2단계: 이 단계에서는 복합−PTSD의 침입 또는 침습 증상을 다루기 위한 자원(리소스)을 계속 강화할 것이다. 정서를 조절하고 고통 감내력이 커질 것이며, 이를 통해 자신의 발달사에 대한 이해가 깊어질 것이다. 이 단계의 주요 작업은 정서적 강도를 줄이고 과거로부터 개인적인 해방감을 높이는 방법으로 트라우마 기억을 처리하는 것이다.
- 3단계: 이 단계에서는 복합−PTSD와 관련된 수치심과 무력감에 대한 이해를 높임으로써 우울 증상에 주의를 기울일 것이다. 당신은 아동기 경험과 관련된 상실을 이겨낼 수 있을 것이다. 이 단계의 주요 작업은 자신의 독특한 인생 사건을 긍정적인 자아감각으로 통합하는 것이다.

다음 3장에서는 이러한 치유 단계를 안내한다. 치유 여정이 반드시 선형 과정으로 일어나지 않는다는 것을 알아야 한다. 치유 단계는 나선형에 가깝게 일어나는 경향이 있다. 예를 들어, 2단계에서 압도당했다고 느낄 때, 당신은 안정화를 위해 1단계를 다시 되짚어볼 수 있는 것이다. 결승선까지 경주하려고 하기보다는 거북

이처럼 되어라. 즉, 치유의 길은 천천히 그리고 꾸준히 걸어야 한다.

요약

이 장에서는 심리치료사들이 복합-PTSD를 치료하기 위해 사용하는 가장 일반적인 양식을 소개하였다. 활용 가능한 폭넓은 치료법을 알려주고 당신이 자가 치료와 심리치료 간의 적절한 균형을 찾도록 돕는 것이 목적이다. 이 책을 치료에 대한 보충 자료로 사용한다면 자신의 치료 제공자와의 협력을 통해 스스로 자신에게 힘을 실어줄 것이다.

몇 분 동안 이 장의 연습 부분에서 자신이 적은 내용을 검토해 보라. 당신에게 반향을 불러일으킨 부정적인 믿음은 무엇인가? 대인관계의 효율성에 관한 일반적인 근거 없는 믿음에 어떤 방식으로 도전해 보았는가? 당신이 확인한 안전한 장소는 어디였나? 규칙적으로 그 안전장소로 연결할 수 있었는가? 바디스캔과 호흡 연습 중에 어떤 기분이 들었나? 마지막으로, 이 워크북을 통해 당신의 치료 과정에서 예상되는 돌발상황은 무엇인가?

_____

_____

_____

_____

_____

_____

이제 몇 분 정도 시간을 내어 스스로 직접 확인해 보라. 지금 당신이 알게 된 것은 무엇인가? 이를 통해 배운 내용이 무엇인지 살펴보라.

제3장

/

르네 이야기
회피 증상 치유하기

르네와 내가 처음 만났을 때. 그녀는 나에게 자신의 삶에 대해 이야기하기를 주저하였다. 그녀는 당황스러워하고 부끄러워했다. 그녀는 내가 그녀를 판단하기 위해 그곳에 있는 것이 아니라는 것을 알고 나서. 얼마나 힘든 일이 있었는지 천천히 이야기하기 시작했다. 그녀는 자신의 불안과 분노에 대해 이야기했다. 가정주부이자 두 아이의 엄마인 르네는 자신의 좌절감을 아이들에게 표현하지 않으려고 노력했다. 하지만 그녀는 원치 않게도 아이들에게 심하게 소리를 질렀다. "나는 나의 부모와는 다른 부모가 되겠다고 스스로 다짐했지만 엄마가 했던 것과 같은 말을 하고 있는 나 자신을 발견해요." 결과적으로 그녀는 자신이 점점 더 싫어진다고 하였다.

르네는 자신이 도망치는 것을 상상하기 시작했고 때로는 자녀들에게 그녀가 없는 것이 더 나을 것 같다는 생각이 든다고 했다. 그리고 "더 이상 당신을 이해할 수 없어."라고 말하는 남편이 멀게 느껴졌다. 그녀는 음식 먹는 것에 의존했는데, 낮에 먹는 패스트푸드와 저녁에 마시는 한두 잔의 술은 고통을 덜어주었다. 그녀는 "나는 아이들을 망치고 있고, 남편을 밀어내서 그가 떠날까 봐 두려워요. 하지만 나는 그가 여전히 나를 사랑하고 있는 것 같아요. 남편은 끝까지 내가 치료를 받아야 한다고 설득한 사람이에요."라고 말했다. 르네의 사례는 복합-PTSD의 증상에 갇혀 있는 사람의 한 예시이다. 그런 상황에서 벗어날 방도를 찾지 못하는 것이 일반적이다.

> 르네는 많은 시간 동안 힘든 과거를 떨쳐내기 위해 노력했다. 하지만 부모가 된 후, 자신의 어머니로부터 양육되며 겪었던 감정과 기억이 떠올랐다. 그녀는 '무너지지 않기' 위해 감정적 섭식과 음주라는 회피 전략에 의존하기 시작했다. 그러나 이런 대처 방식은 더 이상 도움이 되지 않았다.

관계, 일 또는 자녀가 벅차다고 느껴질 수 있고 결과적으로 삶으로부터 철수하는(멀어지는) 패턴이 반복되기 쉽다. 이 장에서는 회피 증상에 대해 다루고 있다. 과거를 부인하고, 감정을 억압하며, 고통을 최소화하거나, 약물로 고통을 감추는 것이 회피 증상에 포함된다. 다양한 치료 방법을 통해, 당신은 자신의 방어를 약화시키는 유용한 방법을 배움으로써 과거의 힘든 사건들을 마주할 수 있을 것이다. 이 외상 치료 단계의 목표는 당신의 증상을 충분히 안정화시켜 감정적으로 홍수상태에 빠지거나 압도되지 않으면서 외상 기억을 다룰 수 있도록 하는 것이다.

회피와 방어

회피 행동은 다양한 형태로 나타나며 심리적 방어에 의해 유지된다. 당신은 가장 취약한 감정을 강한 벽으로 둘러싸고 있을 것이다. 어쩌면 당신은 감정적 섭식이나 음주 혹은 과도한 운동을 할 수도 있다. 아마도 외출을 하거나 사람 만나는 것을 피할지도 모른다. 이러한 방어 전략들은 신체적인 건강 문제나 고립감을 느끼게 하는 관계 상실

> 저항은 하나의 정보이고, 당신이 해야 할 일은 이 정보가 지닌 메시지를 이해할 수 있을 만큼 충분한 호기심을 갖는 것이다.

같은 원치 않는 결과를 가져온다. 이 장은 당신의 방어기제를 파악하도록 도울 것이고, 이를 통해 저변에 깔려 있는 문제를 다루며, 이러한 방어가 필요하지 않도록 변화를 만들고자 한다.

먼저 심리적 방어에 대해 자세히 살펴보자.

- **억압과 부인**: 당신은 고통스러운 감정이나 생각을 의식하지 않으려고 감출 수 있다. '내 고통스러운 과거에 대해 이야기하거나 인정하지 않으면, 없는 일이 되는 거야.'
- **퇴행**: 당신은 현재 자신의 감정과 행동에 대한 책임을 회피하는 방식으로 실제보다 더 어리게 느끼거나 행동할 수도 있다. '만약 내가 하루 종일 침대에 누워 잠만 잔다면 일할 필요가 없을 거야.'
- **이상화**: 당신은 학대하는 양육자와의 관계가 얼마나 잘못되었는지를 인정하기보다는 학대하는 양육자의 긍정적인 특성만을 과장할 수도 있다. 이 경우, 당신이 느끼는 분노가 자기 자신에게로 잘못 향할 수 있다. 예를 들어, '내가 그렇게 나쁘게 행동하지 않았다면 지하실에 갇히지 않았을 거야.'라고 생각한다. 이상화는 사람들이 모두 좋거나 모두 나쁘다는 극단적인 관점을 가짐으로써 종종 평가절하와 함께 가기도 한다.

- **공상**: 도전적 과업을 정면으로 다루려 하기보다는, 상황이 어떠해야 하는지, 어떻게 변하면 좋을지를 상상하는 일에만 빠질 수 있다. '나의 분노에 도움을 받는 것보다 상상 속으로 도망가는 게 더 쉬울 거야.'

- **주지화**: 당신은 상황을 생각하거나 분석하는 것에만 집중하면서 감정을 회피할 수도 있다. 때로는 이러한 방어 구조가 일중독의 기저를 이루는데, 관계나 정서적 고통을 다루는 것을 회피하기 위해 일에 몰두할 수도 있다. '나는 어떠한 어려운 상황에서도 벗어날 수 있는 방법을 생각해 낼 수 있어.'

- **투사**: 다른 사람이 당신의 생각이나 감정처럼 생각하거나 느끼고 있다고 가정할 수도 있다. 예를 들어, 친구가 당신에게 화가 났다고 확신하지만, 실제로는 친구에게 화가 난 것은 당신이라는 것을 부인하고 있다.

- **해리**: 일상생활을 하는 당신의 한 부분을 두렵거나 고통스러운 감정과 기억으로부터 분리할 수도 있다. 해리는 몽롱함, 졸림 혹은 집중의 어려움과 같은 비교적 가벼운 감각에서부터 무감각함이나 단절감까지 연속선상에 존재한다. 가장 극단적인 경우에는 기억상실이나 '시간 소실'이 생길 수도 있다.

- **중독**: 고통을 느끼는 것을 피하기 위해 약물을 사용하거나 감정적 섭식이나 과도한 운동과 같은 중독적인 행동을 하기도 한다. 당신은, '나는 왜 먹고, 달리고, 담배를 피우고, 술을 마시고, 신경안정제를 먹을 때만 어떤 감정을 느끼는 거지?'라고 말할 수도 있다.

개인 연습

당신에게 도움이 되지 않는 행동과 관련된 자신의 방어를 직시하거나 자신에게 온전히 솔직해지기는 어려울 수 있다. 사실, 우리 모두는 살면서 방어를 사용한다. 이 과정에서 자기 연민을 느낄 수 있는지 확인해 보자. 잠시 동안 앞서 다루었던 회피와 방어 목록을 살펴보자.

당신은 고통스러운 감정이나 기억을 밀어내는 이러한 방법들을 사용하는가?

_____

_____

_____

_____

_____

 저항 뒤에 숨겨진 의미

"숨겨져 있는 것은 기쁨이고 발견되지 않는 것은 재앙이다."
– D. W. 위니콧(D. W. Winnicott), 소아과 의사, 정신분석 학자

저항이나 방어는 틀린 것으로 잘못 해석될 수 있다. 심리치료에서, '저항적'이라고 불리는 내담자들은 반항적이고, 고집스럽거나, 완고하다. 이러한 모습은 치료에 대한 신뢰를 떨어뜨릴 수 있다. 나는 당신들이 저항을 정상적이고, 건강하며, 중요한 것이라고 생각하기를 바란다. 저항은 하나의 정보이고, 당신이 할 일은 메시지를 이해할 만큼 충분한 호기심을 가지는 것이다. 이 과정에 당신 자신과 당신의 심리치료사로부터의 위로가 필요하다. 당신이 '저항적인 내담자'라는 말을 들었다면, 어떤 역동이 작용하는지 이해하는 것이 중요하다. 저항이 무엇을 의미하는지 자세히 살펴보자.

• **저항은 좋은 치료의 징후가 될 수 있다**: 치료가 잘 진행될 때 저항이 발생할 수 있다. 당신은 고통스러운 기억과 어려운 감정에 더 가까워지고 있는 것이다. 치료를 늦추려는 시도로 한 발짝 뒤로 물러설 수도 있다. 이 상황에서, 당신과 심리치료사는 당신이 압도당하거나 매몰되지 않도록 치료 속도를 확인해 볼 수 있다. 이러한 경우, 자원을 개발하고 더 나은 안전을 확보하는 것에 초점을 둘 수 있다.

- **저항은 양가성의 징후이다**: 변화에 대해 복잡한 감정을 갖는 것은 정상이다. 당신의 한쪽에서는 변화를 원하지만 다른 한쪽에서는 위협을 느끼거나 두려워할 수 있다. 이 경우 당신은 방어를 내려놓는 것에 대한 불안감들을 심리치료사와 함께 살펴보고 그것을 함께 헤쳐 나갈 수 있다.
- **저항은 치료에 대한 불신을 의미한다**: 당신이 오진 경험이나 의료 서비스 제공자에게 비난을 받은 경험이 있다면, 당신은 내적 갈등에 대해 공개적으로 혹은 솔직하게 말하는 것이 힘들 수 있다. 과거 치료 경험이 좋지 않았다면, 다시 치료받는 것을 주저하거나 새로운 심리치료사의 접근을 시험해 보고 싶은 욕구를 느끼게 되기도 한다. 이 경우 친구나 의료 서비스 제공자, 다른 신뢰할 수 있는 출처 혹은 치료 자원 웹사이트를 통해 심리치료사를 추천받는다면 당신과 공감대 형성이 잘되는 심리치료사를 찾는 데 도움이 될 것이다.
- **저항은 나쁜 치료의 징후가 될 수 있다**: 당신은 안전하다고 느껴질 때까지 회피 전략을 내려놓지 않을 것이다. 심리치료사가 공감이 부족하다고 느끼거나, 비난을 받는다거나 혹은 상담에서 주도권 다툼에 갇혀 있다면, 안전함을 느끼는 것은 불가능하다. 이 경우, 당신의 '저항'은 실제로 당신이 다른 접근을 취하는 심리치료사가 필요하다는 신호일 수 있다. 복합-PTSD는 관계에 기반한 외상이다. 그러므로 당신이 신뢰할 수 있는 심리치료사와 함께 작업하는 것은 치료에 필수적이다.

자기 보호로서의 방어

르네는 자신이 고통을 느끼지 않기 위해 남편과 아이들을 밀어내고 있다는 것을 알아차렸다. 그녀는 과거력을 탐색하면서, 그녀가 겨우 두 살이었을 때 아버지가 어머니를 떠났다고 했다. 그녀는 어머니를 정서적으로 메마른 사람이라고 했으며, 어머니가 르네에게 관심을 기울였을 때, 어머니는 냉정했고 때로는 신체적으로 학대도 하였다. 어린 시절 르네는 도망치는 상상을 하며 견뎌 냈다. 그녀는 마음속에서 '도망친' 것이다. 두 어린 자녀를 양육하면서 르네는 어린 시절의 기억이 되살아났고, 그녀에게는 이러한 감정을 다룰 수 있는 충분한 자원이 없었다.

모든 방어는 학습된 행동이다. 한때는 자기 보호를 위해 필요했기 때문에 특정 심리적 방어만을 발달시켰다. 심리치료를 위해서, 당신의 행동과 그것의 근원에 대해 호기심을 갖는 것이 중요하다. 호기심을 가지는 연습은 연민과 수용으로 이어지면서 깊은 이해가 가능한 통찰력을 기르는 데 도움이 된다.

이 경우, 당신은 자기 보호적이거나 방어적인 행동의 기원에 대한 호기심을 길러야 한다. 어디서 또는 언제 당신은 자기 자신이 취약하다고 느끼게 내버려 두는 것을 중단하라고 배웠는가? 당신은 언제 중독성 약물을 사용하거나 고통을 밀어내는

> "내게 특별한 재능이 있는 것은 아니다. 나는 단지 열정적인 호기심을 가졌을 뿐이다."
> —앨버트 아인슈타인(Albert Einstein), 물리학자

것을 배웠는가? 당신은 감정, 생각, 희망 또는 꿈에 대해 사람들과 이야기하는 것을 그만두기로 마음먹었던 때를 기억하는가? 당신은 언제 일에 집중하는 것이 감정을 밀어내는 데 도움이 된다는 것을 배웠는가? 만약 당신이 이러한 문제들 중 하나라도 공감할 수 있다면, 당신은 그 당시에 가지고 있던 자원으로 살아남기 위해 최선을 다했다는 점을 이해하고, 이제는 자기 자각을 하면서 이러한 것들을 다루는 방법을 바꿀 수 있다.

개인 연습

당신이 하는 방어와 당신의 과거 사이에는 어떠한 관계가 있는가?
아래에 당신의 경험과 생각에 대해 적어 보라.

_____

_____

_____

_____

수용과 변화

칼 로저스(Carl Rogers) 박사의 고전 심리학 서적인 『진정한 사람되기(On Becoming a Person)』에서는 "내 경험의 역설적인 면은 내가 나 자신을 있는 그대로 받아들일 때 비로소 변할 수 있다."라고 그의 개인적인 성찰로 시작한다. 당신의 생존을 도왔던 전략을 포기하라는 것은 위협으로 느껴질 수 있다. 여기 변화에 있어 수용의 역할에 대한 강력한 은유를 보여 주는 간략한 이야기가 있다.

바람과 태양은 재킷을 입고 스카프를 두른 채 길을 걷는 한 남자를 보고 있다. 바람이 태양에게 말했다. "나는 너보다 더 빨리 그의 재킷을 벗길 수 있다고 장담해!" 태양은 내기를 수락하고 뒤로 물러나, 바람이 불고 또 부는 것을 지켜보았다. 바람이 강하게 불수록, 남자는 그의 재킷 단추를 잠그고, 스카프를 더 단단히 둘렀다. 결국 바람은 성공하지 못했다. 이제 태양의 차례다. 태양이 뜨겁게 비추자 남자는 머지않아 스카프를 풀고 코트의 단추를 풀더니 곧 재킷을 벗어버렸다.

바람의 모습은 역효과를 낳게 되는 것으로 우리가 방어에 더욱 강하게 매달리고 자기변화에 더욱 공격적으로 접근하는 예시가 되는 반면에, 태양의 모습은 따뜻함과 수용을 보여 준 것이다. 당신은 어떤 방식으로 단단히 방어하고 있는가? 친절함, 따뜻함 또는 자기 수용이 어떠한 방식으로 당신의 방어를 내려놓고 더 이상 당신에게 도움이 되지 않는 패턴을 변화시키도록 마음을 열게 할 수 있을까?

온전한 자기 수용

르네는 자신을 받아들이기 어려워했다. 그녀는 자신의 행동에 대한 비난과 수치심으로 가득 차 있었다. 나는 그녀가 자신을 사랑스럽게 바라볼 수 있도록 하는 것이 중요하다고 제안했다. 처음에 그녀는 "내가 어떻게 내 아이들에게 소리를 지르는 나 자신을 사랑할 수 있을까요? 나는 사랑받을 자격이 있을까요? 내가 얼마나 뚱뚱하고 못생겼는지 봐요!"라며 분노와 혐오감만을 드러냈다. 르네는 매우 고통스러워하며 새로운 것을 시도해 보기로 결심했다. 그녀는 일상생활 속에서 자기 수용과 마음챙김 연습을 시작했다. 그녀는 자신의 비판적 사고방식에 대해 일기를 쓰기 시작하며 자신에 대해 새롭고 긍정적으로 생각하는 방법을 찾아보았다. 르네는 비판적인 자세를 누그러뜨리면서 자신이 얼마나 외롭고 두려웠는지 깨닫게 되었다. 그녀는 자신에 대한 친절과 연민이라는 새로운 감각을 접할 수 있었다.

변증법적 행동치료(DBT)는 자신이 누구인지를 받아들이는 것이 변화와 성장을 위한 필수 조건이라고 설명한다. 마찬가지로, 불교심리학자인 타라 브라치(Tara Brach) 박사는 온전히 자기를 수용하고 당신의 몸과 친해짐으로써 당신이 자기 자신의 가장 친한 친구가 되라고 권유한다.

자기 수용을 용이하게 하는 통합적인 방법을 자세히 살펴보자.

호흡 자각

현실을 있는 그대로 받아들이기 위해 당신의 마음을 신체 감각에 고정시켜라. 호흡을 관찰하는 것은 당신의 몸이 지금 이 순간 경험하는 것에 주의를 집중할 수 있는 한 가지 방법을 제공한다. 코로 숨을 들이마시고 내쉬거나 배를 오르락내리락하면서 미묘한 감각을 느껴 보라. 앉아 있을 때나, 걷거나, 음악을 들으면서 호흡 자각 연습을 할 수 있다. 일단 당신이 편안함을 느끼면, 어려운 감정을 다루거나 다른 사람들과 대화를 하면서도 호흡 훈련을 해 보도록 하라. 예를 들어, 스스로에게 "나는 평온하게 숨을 쉬고 있어. 나는 사랑을 내뿜고 있어."와 같은 말을 할 수 있다.

여러 번 심호흡하라. 당신은 지금 무엇을 알아차렸는가? 당신이 알아차린 감각을 다음의 공간에 적어 보라.

_____

_____

_____

_____

🌾 은은한 미소 짓기

은은한 미소 짓기는 당신의 정신 상태를 변화시키고 그 순간에 평온한 정서를 풍부하게 하는 유용한 방법이다. 얼굴에 긴장을 풀고 입술을 약간 위로 올리는 연습을 해라. 미소를 지을 때, 턱이 부드러워지고 얼굴, 머리 전체 그리고 어깨 아래로 편안한 느낌이 퍼지는 것을 상상해 보라. 차분함 속에서 은은한 미소 짓기 연습을 시작하고, 이후에는 어려운 사건을 생각하면서도 연습해 보라.

은은한 미소 짓기를 연습하는 동안 무엇을 알아차렸는가? 이 연습이 어떤 면에서 당신의 삶에 도움이 된다고 생각하는가?

_____

_____

_____

🌿 신체 수용

　제2장에서 실시한 바디스캔 연습은 온전한 자기 수용을 발달시키는 또 다른 방법을 제공한다. 이번에는 당신의 신체에 있는 모든 감각을 수용하고자 하는 의도로 연습해 보라. 당신의 신체 각 부분에 수용과 사랑을 전달하라: 당신의 발, 다리, 골반, 배, 등, 가슴, 팔, 손, 어깨, 목 그리고 머리에. 당신은 신체 각 부분에 손을 얹을 수 있고, 몸에 사랑의 빛이 스며드는 것을 상상할 수 있다. 신체를 몸으로 느끼는 것은 가끔 불편한 감각, 감정 또는 기억을 불러일으킬 수 있다. 고통을 사랑하고 수용한다는 개념을 탐색해 보라. 만약 이 연습이 너무 어렵다면, 당신은 신체 부분을 느끼고 나서 당신의 의식을 외부 환경으로 돌려놓음으로써 속도를 조절할 수 있다.

개인 연습

　신체 수용하기를 연습해 보라. 당신은 지금 무엇을 알아차렸는가? 이러한 연습이 어떤 고통스러운 느낌을 불러일으켰는가? 당신은 어떤 긍정적인 감정에 연결할 수 있는가? 아래에 당신의 경험에 대해 적어 보라.

_____

_____

_____

🌿 긍정적 자기 진술

　모든 수용 연습의 궁극적인 목표는 당신 자신에 대한 깊은 공감을 발달시키는 것이다. "나는 지금 이 순간 있는 그대로의 나를 사랑해."라고 이야기해 보라. 이러한 자기 진술은 좀 더 구체적으로 적용할 수 있는데, 예를 들어 이 수용을 당신의 방어에 확장하여 사용할 수 있다. 당신은 "나는 비록 사람들을 밀어내고, 때론 나 자신에게 상처를 주고, 아이들에게 소리를 지르지만 나 자신을 사랑해."라고 말할 수 있다. 당신은 "나는 슬프고, 무섭고, 당황스럽고, 부끄러울 때도 나 자신을 사랑해."라고 말함으로써 당신의 취약한 감정을 수용하는 연습으로 확장할 수 있다.

개인 연습

긍정적 자기 진술을 연습하고 개인화하면서 당신에게 어떤 일이 일어나는지 탐색해 보라. 당신은 지금 무엇을 알아차렸는가? 이러한 연습이 당신에게 어떤 감정을 불러 일으켰는가? 아래에 당신의 경험에 대해 적어 보라.

변화를 선택하기

르네는 회피와 방어에서 벗어나는 것에 대해 양가적이었지만, 이제는 세상을 살아가기 위한 새로운 방식을 배워야 할 때라는 것을 알게 되기도 했다. 그녀는 자신에게 문제가 있다는 감당할 수 없는 스트레스가 있었다. 그러나 새로운 목소리도 생겨나고 있었다. 그것은 "나는 이것을 다룰 수 있다는 것을 알아, 나는 강한 사람이야!"라고 힘주어 말했다. 우리가 함께하는 치유 작업에서, 나는 르네에게 자신의 양가적인 부분에 대해 말로 표현해 보도록 요청했다. 그녀는 철수가 안전감을 유지하는 데 도움이 되었다고 믿었던 부분을 인정했다. 그러고 나서 그녀는 정말로 행복하기 위해서는 방어벽을 내려놓아야 할 필요가 있다는 것을 인식하게 되었다고 했다. 르네는 자신이 두 가지 측면에 갇혀 있다는 느낌이 들었고 진심으로 자유로워지고 싶다고 말했다.

변화에 대해 양가적인 감정을 느끼는 것은 일반적이다. 아마 당신은 변화에 대비하고 있는 자신을 발견할 것이다. 너무 취약해지거나, 근거 없이 불안해지거나, 통제가 불가능한 상태에 빠지는 것을 두려워할 수도 있다. 오래된 패턴, 중독적인 습관 또는 증폭된 신념을 내려놓는 것이 불안하게 느껴질 수 있다. 내려놓는 것이 위기처럼 느껴질 수 있다. 변화를 위해서는 용기가 필요하다. 다음 연습은 변화를 위한 관계를 탐색하는 데 도움이 된다.

🌱 양가감정 존중하기

게슈탈트 심리치료의 창시자인 프리츠 펄스(Fritz Perls) 박사는 성장을 추구하는 자아와 안전을 추구하는 자아 사이에 일반적으로 대립이 나타난다고 하였다. 당신의 한 부분은 당신에게 도움이 되지 않는 패턴에서 벗어나고 싶어하는 반면, 다른 한 부분은 변화를 두려워하고 저항한다는 것을 알아차릴 것이다. 자신의 양쪽을 대변하는 목소리를 들어보라. 각각의 이유에 귀 기울여 보자. 당신이 두려움을 무시하면 이는 자기 기만으로 이어질 가능성이 높다. 만약 당신의 어떤 부분이 중요하지 않다고 치부하는 경향이 있다면 생각해 보라. 궁극적인 해결을 위해서는 당신의 내면에 존재하는 대립되는 측면에 귀를 기울이고, 존중하며, 책임을 져야 한다.

개인 연습

당신의 습관이나 방어는 어떤 면에서 당신을 보호하는 데 도움이 되는가? 그들은 어떤 면에서 당신을 안전하게 해 주는가? 왜 당신이 변하지 않고 그대로인지에 대해 떠올릴 수 있는 모든 이유를 적어 보라.

_____

_____

_____

_____

    당신은 어떤 면에서 자기 보호를 위한 오래된 습관을 버릴 준비가 되었는가? 오래된 습관들이 어떤 면에서 당신의 삶이나 행복을 방해하는가? 당신이 변해야 하는 이유에 대해 떠올릴 수 있는 모든 것을 적어 보라.

_____

_____

_____

_____

✿ 변화 속에서 평정심 발견하기

개인 연습에 대한 호기심 어린 태도를 가져야 함을 기억하라. 옳고 그른 답이 있는 것은 아니다. 고통스러운 감정이나 기억을 떠올리게 되면 그것에 대해 일기를 쓸 수도 있고 당신의 경험을 심리치료사와 논의할 수도 있다.

평정심이라는 용어는 불교의 통찰 명상 전통에서 유래하였다. 평정심이란 중도를 유지하는 능력, 불편한 경험에서 인내심을 발달시키는 능력, 균형을 유지하는 방법으로서 조망하는 능력으로 정의된다. 평정심은 동떨어져 있거나 무심한 태도라고 잘못 생각되기도 한다. 실제로, 당신은 당혹감, 수치심, 낙담, 좌절, 분노, 슬픔의 불편함 속에 있는 법을 배움으로써 평정심을 기른다. 궁극적으로 변화를 위해서 당신은 안전지대를 벗어나 위험을 감수해야 한다. 이것은 건강이 좋지 않고 불편감을 느낌에도 불구하고 체육관에 가는 것을 의미할 수도 있다. 혹은 당신이 슬픔을 느낄 때 먹는 것 대신 일기를 쓰는 것을 의미할 수도 있다. 당신은 건강에 대한 두려움에도 불구하고 오랫동안 피해 왔던 병원 예약을 하는 것일 수도 있다. 당신의 도전은 사랑하는 사람에게 당신의 진정한 감정을 숨기는 대신 당신의 취약한 감정을 보여 주는 것일지도 모른다. 어떤 면에서 당신은 회피에서 벗어나 두려움에 직면할 필요가 있는가?

큰 감정의 소용돌이에 들어가려면 지원과 안전에 대한 준비 작업이 필요하다. 무엇이 당신으로 하여금 자신의 감정을 들여다보고, 당신 자신으로 하여금 혼란스럽고, 원초적이고, 두렵거나 슬픈 것을 느낄 용기를 주었는가?

개인 연습

마음챙김 훈련은 당신이 안전지대 밖으로 나갈 때 안정된 마음을 유지할 수 있는 능력을 쌓기 위한 것이다. 편안히 앉아서 부드럽게 안팎으로 흐르는 당신의 호흡을 자각하는 것에 집중하라.

가슴에 손을 얹고, 가슴 위에 올려진 손의 온기를 느껴라. 안전함과 편안함에 집중하라. 돌봄과 친절이 당신의 가슴에 전해지도록 부드럽게 호흡하라. 떠오르는 느낌과 감각을 주목하라. 당신이 인생에서 받아들이고 싶은 변화에 대해 생각해 보라. 가슴 위에 올려진 손의 감각에 다시 주의를 기울여라. "나는 변화를 다룰 수 있는 나의 능력을 믿는다."라고 자신에게 말하면서 숨을 들이쉬고 내쉬어라. 다시 한번 당신이 만들고 싶은 어떠한 변화에 대해 생각하라. 이러한 변화가 당신에게 어떤 것인지 구체적으로 생각해 보라. 가슴 위에 올려진 손의 감각에 다시 주의를 기울여라. 다시 한번 부드럽게 안팎으로 흐르는 당신의 호흡에 집중하라. 다시 "나는 변화를 다룰 수 있는 나의 능력을 믿는다."라고 이야기해 보라. 당신에게 적합하다고 느껴질 때까지 이 과정을 오랫동안 반복하라.

잠시 동안 지금 깨달은 것을 적어 보자.

_____

_____

_____

_____

✿ 긍정적인 습관 개발하기

오래되고 고질적인 습관을 버리기 위해서는 새롭고 건강을 증진시키는 행동을 찾아야 한다. 자신의 삶에 새로운 긍정적 습관이 있다고 상상해 보라. 예를 들어, 만약 낮잠 자는 것을 그만하고 싶다면, 당신이 소파에 눕고 싶어질 때마다 취할 수 있는 긍정적 행동들을 미리 준비한다면 성공할 수 있을 것이다. 물을 한 잔 마시거나, 잠시 산책을 하러 나가거나, 친구에게 전화하는 것을 선택할 수 있다.

개인 연습

건강하지 않은 습관을 버리려면 새로운 건강한 습관을 개발해야 한다. 새로운 긍정적인 행동들이 당신의 삶에 자리 잡아가는 것을 상상할 수 있는가?

_____

_____

_____

_____

외상 작업을 위한 준비

르네는 점점 자신의 고통스러운 과거를 다룰 준비가 되어가는 것을 느꼈다. 그녀는 건강하지 않은 생존 전략을 긍정적 대처 전략으로 바꾸는 것을 배우고 있었다. 그녀는 회피하거나, 술을 마시거나, 남편을 밀어내고 싶은 충동을 느낄 때, 안정화 작업, 도움 청하기, 일기쓰기 등의 건강하고 긍정적인 자원을 사용하는 연습을 했다.

모든 회피 전략은 당신을 고통스러운 감정과 기억으로부터 분리시키거나 끊어낸다. 샤피로 박사(Dr. Shapiro)의 EMDR 치료에는 외상 기억을 성공적으로 처리할 수 있는 자원을 발달시키는 데 초점을 맞춘 치료 준비 단계가 있다. 당신이 안전하고 지지받고 있다고 느낄 때, 당신은 당신의 힘든 과거를 향해 나아갈 수 있다. 또한 현재의 감정을 촉발하는 관계나 주요 사건을 성공적으로 다룰 수 있는 역량을 강화할 것이다.

자원(리소스)은 현재의 순간에 당신이 안전하다고 느낄 수 있도록 해 주는 도구이다. 당신은 외상 반응으로 촉발되었다고 느낄 때 이용할 수 있는 내적 및 외적 자원을 기를 수 있다. 자원은 내면의 평정심을 회복하고 환경에 반응하는 방법을 선택할 수 있도록 도와준다. 내적 자원에는 심호흡, 안정화 작업, 봉인하기, 심상화, 수용 연습, 마음챙김, 운동 그리고 일기쓰기와 같이 당신의 몸과 마음의 내부에 접근할 수 있는 자기 돌봄 훈련이 포함된다. 외적 자원은 당신이 이웃과 주변환경에 도움을 요청하거나 이를 활용하는 것이다. 이것은 심리치료사를 찾아가고, 신뢰할 수 있는 친구들과 이야기를 나누고, 자연에서 시간을 보내며, 평온하고 예측 가능한 생활공간을 만드는 형태로 나타난다. 이 책 전반에 걸쳐 다양한 내적 및 외적 자원이 제시되어 있지만, 복합-PTSD의 치료 초기 단계에서 특히 다음과 같은 자원이 중요하다.

🌿 치유 공간 만들기

제2장에서 상상 속의 안전한 장소를 만드는 방법을 살펴보았다. 그것을 바탕으로, 당신은 평화롭고 차분한 느낌을 반영하는 외부적이고 실제적인 환경을 만듦으로써 안전함을 느낄 수 있는 능력을 향상시킬 수 있다. 주위의 실제 공간이 어수선하고 혼란스러우면 내면의 평화를 찾기가 어려울 수 있다. 생활환경에서 당신에게 치유 공간이라고 할 만한 장소를 선택하라. 집 안의 방을 선택하거나, 심지어 방의 한 귀퉁이를 선택하는 것부터 시작할 수 있다. 이상적으로 이 공간은 조용하고 평화로우며, 취약해진 당신

> "사람들은 그 자체로도 석양만큼 멋지다. 석양을 볼 때 나는 '오른쪽 모서리에 있는 주황색을 조금 더 부드럽게 만들어야지.'라고 말하지 않는다. 나는 석양을 통제하려고 하지 않고, 그저 석양이 펼쳐지는 모습을 경외롭게 지켜본다."
>
> ─칼 로저스(Carl Rogers) 박사, 심리학자 및 저자

을 위해 충분히 사적이어야 한다. 필요한 경우, 스크린을 설치하거나 커튼을 달아서 당신의 사적 공간 주위에 경계를 만들 수 있다. 무엇이 당신이 원하는 평화·편안함, 안전감을 충족시키는 데 도움이 되는가를 생각해 보라. 아마도 당신은 적절한 인용문구, 이미지 또는 양초를 선택할 것이다. 어쩌면 당신은 꽃, 식물, 돌과 같은 자연에서 온 무언가를 원할지도 모른다.

당신의 감각을 진정시키는 색깔이나 향기를 찾아보라. 당신의 공간을 깔끔하게 유지해서 외부 세상의 분주함에서 한숨 돌릴 수 있는 평화로운 공간이 될 수 있도록 하라.

개인 연습

당신의 집에 치유 공간을 마련하라. 어디에 당신의 공간을 만들지, 그곳에 무엇을 둘지를 생각하며, 치유에 도움이 되는 평화와 안전의 감각을 전달하는 데 도움을 주는 계획을 세워 보라.

_____

_____

_____

_____

🌱 안정화 작업

안정화 작업이란 신경계를 진정시키기 위해 땅에 발을 딛고 있다는 것을 느끼고 신체 감각을 감지하도록 당신의 능력을 사용하는 것을 말한다. 안정화 작업은 외상과 감정적 압도에 대처하는 핵심 자원이다. 당신의 감각(청각, 시각, 후각, 미각, 촉각)들은 당신을 현재의 순간에 닿아있게 하는 유일한 도구다. 한 가지 간단한 연습은 당신이 보는 것 다섯 가지, 듣는 것 네 가지, 만질 수 있는 것 세 가지, 냄새 맡을 수 있는 것 두 가지에 이름을 붙이고, 심호흡을 한번 하는 것이다. 감각 경험을 향상시킴으로써 의식적으로 자각을 높일 수 있다. 예를 들어, 한 조각의 사과 타르트를 천천히 먹거나 당신이 좋아하는 향이 나는 에센셜 오일을 선택하는 것이다.

안정화 작업은 당신의 신체를 감지하고, 자신의 긴장 패턴을 알아차리며, 땅의 지지를 느끼도록 당신의 신체적 몸의 무게를 중력에 내어주는 것이다. 바닥에 누워서 이 연습을 할 수 있다. 당신의 체중을 바닥과 접촉하는 지점에 내려놓아라. 긴장을 푸는 기분이 어떤 것인지 느껴 보라. 안전하다고 느끼고 있는지 살펴보라. 그 과정에서 발생하는 감정을 위한 공간을 확보하라. 당신은 서 있는 동안, 그리고 천천히 주의 깊게 걷는 동안 당신의 체중을 중력에 내어줌으로써 안정화 작업 능력을 발달시킬 수 있다. 무릎을 부드럽게 하고 고정되지 않은 상태로 두어라. 걸을 때, 발걸음마다 당신의 발이 오르내리는 것을 느껴보라. 당신은 움직이는 동안 당신의 정서와 감각에 연결되어 있을 수 있는가? 연결이 끊어졌다고 느낀다면, 속도를 늦추고 고요히 당신에게로 돌아오라.

개인 연습

안정화 작업을 연습해 보라. 당신의 몸과 마음에서 무엇을 알아차렸는가? 이 연습이 어떤 불편한 감정을 불러일으켰는가? 당신은 긍정적인 감정에 연결할 수 있었는가? 맞거나 틀린 대답은 없다. 아래에 당신의 경험을 적어 보라.

_____

_____

_____

_____

_____

_____

_____

봉인하기

당신은 외상 기억에 다가갈수록, 너무 크거나 압도적으로 느껴지는 감정으로 인해 힘들어할 수 있다. 뒤로 물러나 마음을 가다듬는 것도 괜찮다. 외상을 치유하는 것에는 감정을 느끼는 방법, 시기 그리고 장소에 대한 선택 감각을 회복하는 것도 포함된다. 예를 들어, 당신은 마트에 있거나 아이들을 양육하고 있을 때는 외상 기억을 처리하는 것을 원하지 않을 것이다. 당신은 고통스러운 생활 사건을 처리하고 느끼는 방법을 알기를 원하고 안전하고 예측 가능한 장소를 갖길 원한다.

가끔 현실에 머무르고 일상 활동에 참여하기 위해서는 힘들고 고통스러운 느낌,

이미지 그리고 생각을 의식적으로 떼어놓아야 한다. 이것은 회피와는 다르다. 회피 방어는 무의식적으로 고통을 밀어내는 것이다. 반면에 의식적인 봉인하기 훈련은 외상의 고통에 다가가고, 다루고, 표현하는 시기를 선택할 것이라는 합의와 함께 강렬한 감정으로부터 거리를 두도록 돕는다.

외상에서 회복하기 위한 다른 유용한 자원은 당신이 고통을 견딜 수 있는 공간인 '상상 속 컨테이너'를 만드는 것이다. 어떤 사람들은 상자를 사용한다. 또 다른 사람들은 서류 보관함이나 나무상자를 사용한다. 당신의 컨테이너는 집 안에 있는 방일 수도 있고 돌을 밀면 열리는 자연 속 동굴일 수도 있다. 컨테이너의 종류는 중요하지 않다. 이는 단지 당신이 외상을 적극적으로 처리하지 않을 때 고통스러운 생각, 감정, 기억을 봉인할 수 있을 만큼 충분히 크고 튼튼하기만 하면 된다. 어떤 사람들은 '그들의 문제를 넣어두기 위해' 뚜껑이 있는 상자나 병 같은 실제 용기를 사용하는 것을 선호한다. 상상이든 실제든, 그러한 컨테이너는 당신의 부정적 생각을 완화시켜 줄 수 있다.

당신의 힘든 기억과 감정을 모두 봉인할 수 있는 어떤 것에 대한 이미지를 떠올려라. 마음에 드는 것이 있다면 잘 살펴보도록 하고, 컨테이너가 열리고 닫히는 방법에 주목하라. 이 컨테이너를 닫으면 그것은 당신이 열고자 할 때까지 단단히 닫혀 있을 것이다. 당신의 컨테이너는 당신만이 열 수 있다. 원하는 경우 상상의(혹은 실제의) 컨테이너에 자물쇠를 걸 수도 있다.

> 의식적인 봉인하기 훈련은 외상의 고통에 다가가고, 다루고, 표현하는 시기를 선택할 것이라는 합의와 함께 강렬한 감정으로부터 거리를 두는 것을 도와줄 수 있다.

당신이 준비가 되었다고 느낄 때, 훈련을 위해 당신의 컨테이너에 넣을 무언가를 생각하라. 이것은 걱정, 힘든 생각 또는 최근에 겪은 혼란스러운 사건일 수 있다. 이제 컨테이너를 열고 당신의 생각, 감정 혹은 사건을 컨테이너 속에 넣어 보라.

당신의 걱정이 당신이 상상한 밀폐되고 안전한 컨테이너 안에 있으면, 당신은 걱정으로부터 멀어지게 된다.

개인 연습

　　당신만의 봉인하기 훈련을 개발하라. 고통스러운 감정은 접어 두고 당신의 몸이 어떻게 느끼는지에 주목하라. 당신의 몸에서 느낄 수 있는 안도감에 주목하라. 아마 목의 긴장이 풀렸거나 어깨가 내려왔을 것이다. 당신의 호흡과 생각에 주목하라.

아래에 당신의 경험을 적어 보라.

_____

_____

_____

치유 지원군

　　가끔 자기 수용을 느끼는 것이 어렵기도 하다. 당신은 자신에 대해 매우 비판적이거나 거부감을 느낄 수도 있다. 치유 지원군은 실제이든 허구이든 당신이 양육, 보호 그리고 지혜를 얻는 사람이나 존재들을 말한다. 자신에게 연민을 느끼기 힘들 때, 당신은 자신의 지원군을 사랑스럽고 치유력 있는 존재로 시각화할 수 있다.

　　지원군을 선택할 때는 영화나 책 속의 인물, 영적 존재, 존경할 만한 역사적 인물 혹은 당신이 강하다고 생각하는 동물을 떠올려볼 수 있다. 예를 들어, 한 내담자의 지원군은 C. S. 루이스(C. S. Lewis)의 『나니아 연대기: 사자, 마녀, 그리고 옷장』의 사자 아슬란(Aslan)이었다. 그는 사자가 그를 보호하고 인도해 줄 강력한 존재라고 생각했다. 또 다른 내담자는 자신의 자녀들을 잘 보살펴 주는 너그러운 친구가 생각났다. 그녀는 친구의 미소와 그녀를 사랑스럽게 쳐다보는 따뜻한 눈빛을 떠올렸다.

　　지원군을 고려할 때는 자상하고 존재감이 강한 사람을 선택하라. 당신의 지원군은 어떤 성격 특징이 있는가? 아마도 당신은 따뜻한 느낌, 부드러운 목소리 혹은 괴

롭힘을 견디게 하는 용감한 능력을 찾을 것이다. 당신은 이 캐릭터가 강하고 자상
한 존재라고 생각할 수 있는가? 그들이 상처 입거나 고통스러워하는 누군가를 보
살펴 주는 것을 상상할 수 있는가? 강한 긍정적 협력관계를 맺었다면 당신은 "물론
이죠! 이 사람은 고통스러워하는 사람을 절대 거절하지 않을 거예요. 그들은 상처
입은 사람이라면 누구든 도와줄 거예요."라고 말할 것이다.

　이제 당신은 이 사람이 당신을 보살펴 주는 것을 상상할 수 있는가? 당신의 지원
군이 당신을 위해 존재한다고 상상하는 동안 자신이 어떻게 느끼는지에 주목하라.
당신의 지원군이 자신의 편이 되어주고, 지혜를 제공하고, 애정 어린 보살핌을 주
는가? 때로는 지원군을 찾는 것이 어렵거나 시간이 걸릴 수도 있다. 가끔은 내면의
비평가가 끼어들어서 "누가 나를 사랑할 수 있을까? 나는 보호받을 가치가 없어!"
라고 말하기도 한다. 만약 당신에게 이런 일이 생기면, 뒤로 한 걸음 물러서서 당신
이 자신에 대한 감정을 지원군에게 투사하고 있다는 것을 깨달아야 한다. 이 책의
다른 개인 연습과 마찬가지로, 자신에게 다정하게 대하고, 자신만의 시간을 가지
고, 자신의 경험에 꾸준한 관심을 가지는 목표를 세워라.

개인 연습

　자신을 위해 당신의 개인적인 지원군을 만드는 방법을 찾아보라. 강한 긍정적 협력관계를 만
들 수 있었다면, 당신의 몸과 마음 그리고 호흡이 어떻게 반응했는지를 생각해 보라. 반면에, 당신
이 이 연습에 어려움을 겪었다면, 당신에게 일어났던 일에 대해 쓰는 것도 가치가 있다.

　아래에 당신이 어떤 경험을 거쳤는지 그 과정을 적어 보라.

_____

_____

_____

고통 돌아보기

르네는 자신의 고통스러운 과거를 다룰 준비가 되었다고 강하게 말했다. 그녀는 어머니가 학대했을 때 도망치고 싶었던 자신의 어릴 적 기억을 인정하였다. 우리는 이러한 힘든 기억과 관련된 감정과 신념을 더 자세히 살펴보기 시작했다. 르네는 마음이 좋지 않다고 이야기했다. 마치 그녀가 뭔가 잘못을 한 것 같은데, 그것이 무엇인지 전혀 알 수 없다고 했다. 나는 그녀에게 신체를 몸으로 느껴 보라고 이야기했다. 그녀는 배와 가슴 그리고 목구멍이 꽉 조이는 것 같다고 했다. 그녀는 숨을 쉴 수 없을 것 같았다.

그러고 나서 르네는 어머니의 방 입구에 서 있었던 때를 떠올렸다. 그녀는 여섯 살 즈음이었고 굿나잇 키스를 원했었다. "나는 단지 엄마가 나를 침대에 눕혀주기를 원했어요." 그러나 어머니는 그녀를 혐오스럽게 바라보면서 "르네, 너 뭐가 문제야?"라고 소리쳤다.

르네는 울기 시작했다. 그녀는 이것이 자신이 아이들에게 소리치는 것과 똑같다고 했다.

그녀는 잠시 멈춰 나를 쳐다보면서 "나는 항상 나에게 뭔가 문제가 있다고 생각했어요. 나는 아이들이 그런 식으로 느끼기를 원하지 않아요. 그들은 예뻐요. 그들은 단지 아이들이에요. 아이들은 나를 필요로 하고 그건 건강한 거예요."라고 말했다.

더욱 중요한 것은, 르네가 눈물을 흘리며 나를 바라보면서 "나에게도 아무런 문제가 없었다면 어떡하죠? 나도 아이였을 뿐이에요. 나는 엄마의 사랑이 필요했어요. 최악인 건 엄마가 나를 사랑하지 않았다는 거예요. 내게 필요했던 방식이 아니었어요. 이제 나는 내가 사랑받을 만하고 나를 사랑하는 사람들을 밀어낼 필요가 없다는 것을 깨달았어요."라고 말했다.

복합-PTSD 치료에는 당신의 관계를 고통으로 바꾸는 의지가 필요하다. 당신은 고통을 밀어내거나 감정을 철저하게 감추기 위해 많은 시간과 에너지를 투자했을지 모른다. 궁극적으로 아동기 외상의 성공적인 통합은 고통스러운 기억과 관련된 믿음, 감정 그리고 신체 감각을 처리하고 작업하는 것이다. 이 장에서 배우고 연습한 자원들은 더 심층적인 외상 회복 치료를 준비하는 데 중요한 역할을 한다. 제4장과 제5장에서는 복합-PTSD의 침습적이고 우울한 증상을 치료하는 데 도움이 되는 회복 전략을 제시함으로써 그 과정을 안내할 것이다. 다음 장에서는 복합-PTSD의 침습적이고 우울한 증상을 치료하는 데 초점을 맞추고 있으며, 이 장에서 배운 자원들을 다음 장에서도 지속적으로 활용하라.

요약

이 장에서는 회피 방어의 구분, 자기 수용의 발달 및 변화가 필요하다는 사실을 받아들이고, 외상 회복을 위한 자원을 발달시키는 데 초점을 두었다. 잠시 동안 연습하기 부분과 작성해 둔 메모를 검토해 보라. 지금 어떤 것이 떠오르는가? 당신에게 특히 도움이 되고, 계속해서 연습하고 싶은 자원이 있는가? 기억하라. 이 외상 치료 단계의 목표는 증상을 충분히 안정화시켜 압도되거나 매몰되지 않고 외상 기억을 다룰 수 있도록 하는 것이다. 당신은 이러한 자원들이 외상 치료 작업을 충분히 준비시켰다고 생각하는가? 만약 그렇지 않다면, 당신은 준비가 필요하다고 생각하는가? 이 글쓰기 공간을 활용하여 질문에 대한 답을 찾아볼 수 있을 것이다.

제4장

/

다니엘 이야기
침습 증상 치유하기

다니엘은 믿을 만한 사람이 아무도 없다고 생각했다. 그는 자신을 전혀 이해하지 못하는 몇 명의 의사들을 만났다. 한 의사는 그를 양극성 장애라고 진단했고 또 다른 의사는 경계성 성격장애라고 진단했다. 그는 자해와 자살 계획 때문에 병원에 두 번이나 입원했었다. 다니엘은 여러 종류의 약을 처방받았는데. 이 약들 때문에 그는 멍하게 사는 것 같은 기분이 들었다.

그러고 나서, 다니엘은 자신의 증상과 진단 이상의 것을 알아보는 정신과 의사를 만났다. 그는 다니엘이 느끼는 고통의 원인을 이해하는 것에 관심을 가진 첫 번째 의사였다. 의사는 다니엘의 좌절 경험을 듣고 발달성 외상이 그의 증상의 근원이라는 것을 알게 되었다. 의사는 다니엘의 진단을 PTSD로 변경하고 천천히 약을 줄여나갔다. 그 의사는 복합-PTSD의 치료를 위해 다니엘을 나의 상담실에 의뢰하였다.

다니엘이 처음으로 나의 상담실에 들어왔을 때, 나는 그의 팔에 자해를 한 흔적이 있다는 것을 알 수 있었다. 그는 간신히 나를 바라보았다. 그는 이러한 방식으로 자신을 아프게 했던 길고 고통스러운 과거에 대해 이야기하기 시작했다. 그는 반갑지 않은 손님처럼 삶을 침범했던 기억과 언제 또 올지 모르는 플래시백 때문에 가정을 떠나려 한다고 조심스럽게 이야기하였다. 그는 인생이 살아갈 가치가 있는 것인지 확신할 수 없었고, 이제는 더 이상 이렇게 살고 싶지 않았다. 우리는 함께 다니엘의 외상 과거력에 대해 살펴보기 시작했다.

다니엘의 이야기는 복합-PTSD의 침습적이고 침입적인 증상과 함께 나타나는 극심한 고통을 보여 준다. 불안, 공황, 플래시백, 악몽, 과잉경계, 정서조절 불능 등의 증상은 자신이 원하는 삶을 살아갈 수 있는 능력을 심하게 방해한다. 이 장에서

> "대부분의 사람은 이해하려는 의도로 듣지 않는다. 그들은 대답하려는 의도로 듣는다."
> —스티븐 코비(Stephen R. Covey), 작가 및 교육자

는 다면적인 접근을 통해 불안과 관련된 잘못된 사고에 도전할 수 있는 방법과 건강한 관계를 구축하는 기술을 제공할 것이다. 당신은 정서 조절과 관련된 '정서 감내의 범위(window of tolerance)'에 대해 배울 것이다. 이 외상 치료 단계의 일차적인 목표는 당신의 개인사를 연민을 갖고 탐색하여 처리하는 것이다. 자기 수용, 안정화 작업, 호흡 자각, 안전한 장소, 봉인하기를 연습함으로써 당신의 속도를 조절하고 자신을 지지해야 한다는 것을 기억하라.

마음에 달린 문제

　　"좋은 시절도 있었어요."라고 다니엘이 말했다.

　　그리고 그는 "나는 장학금을 받고 학교에 다녔어요. 나는 꽤 똑똑하다고 생각해요."라고 수줍게 이야기했다.

　　다니엘은 대학에서 한 여자를 만났고 그들은 졸업 후에 결혼했다. 그러나 결혼한 지 몇 년 지나지 않아 모든 것이 무너지기 시작했다. 그는 자신이 위태롭다고 느껴져서 결혼 생활을 끝내 버렸다. 의사가 그에게 양극성 장애나 경계성 성격장애가 있다고 말했을 때, 그는 그들이 틀림없이 옳다고 생각했다. 다니엘은 자신의 삶의 영역을 제한하기 시작했다. 그는 너무 아파 일을 할 수 없다고 생각해 직장을 그만두었고, 더 이상 사회생활을 하지 않았다. 그는 사람들이 자신에게 문제가 있다고 말할 것이라 확신했다. 그는 마음의 미로에서 벗어날 방법을 찾을 필요가 있었다.

　　인간으로서, 우리의 생각은 자기 자신과 세상에 대한 인식에 깊은 영향을 미친다. 이것은 새로운 것이 아니다. 아마 당신은 『넌 할 수 있어, 꼬마 기관차(The Little Engine that Could)』[1]라는 그림책에서 처음으로 긍정적 사고의 힘을 알게 되었을지도 모른다. 모든 역경을 딛고, 이 작은 기관차는 헥헥거리면서 "나는 할 수 있어, 나는 할 수 있어."라고 반복하며 산꼭대기까지 올라간다. 우리는 항상 성공을 예측할 수는 없지만, 우리가 "나는 할 수 없어."에서 "나는 할 수 있어."라고 생각을 바꿀 때 긍정적인 결과의 가능성은 크게 증가한다.

　　인지행동치료(CBT) 개입에서는 부정적인 생각에 도전하고 이를 보다 도움이 되

---

1 [역자 주] 미국에서 1930년에 처음 출간된 그림책으로, 아이들에게 희망과 긍정적인 태도의 중요성을 알려주어 오랜 시간 사랑을 받아왔다. 우리나라에서는 『넌 할 수 있어, 꼬마 기관차』라는 제목으로 번역·출간되었다.

고 지지적인 것으로 바꾸는 것이 중요하다고 강조한다. 일반적으로 이 방법은 기록지에 자신의 생각을 기록함으로써 자신의 사고 패턴과 그와 관련된 감정과 행동을 확인할 수 있도록 한다. 예를 들어, "나는 내일 상사와의 만남이 끔찍할 거라는 것을 알고 있어!"라고 스스로에게 말한다면 당신은 불안감을 느끼게 될 것이다. 그 결과, 당신은 상사의 눈을 똑바로 쳐다보거나 자신 있게 말하기 어려울 수 있다. 그러나 만약 당신이 "나는 긴장되더라도 상사에게 내 아이디어를 말할 수 있다."라고 한다면, 당신은 회의를 하기 전에 안정화 작업과 심호흡을 통해 마음의 준비를 하여, 보다 긍정적인 결과를 얻을 수 있을 것이다.

자신의 생각을 '좋다' 혹은 '나쁘다'라고 단정짓지 않는 것이 중요하다. 그보다 당신은 어떤 생각들이 유용한 것들인지를 인식하는 데 시간을 할애해야 한다. 신체 감각은 생각과 관련되어 있기 때

"좋고 나쁜 것은 생각하기 나름이다."
―윌리엄 셰익스피어(William Shakespeare)의 『햄릿』

문에 신체 감각을 주의 깊게 자각하는 것은 어떤 생각이 일을 더 수월하게 만들고 어떤 생각이 더 많은 고통을 만들어 내는지 알 수 있도록 도와준다.

일단 당신의 부정적 신념이나 비합리적 신념을 알아차리면, 당신은 그것들을 더 유용한 생각으로 대체할 수 있다. 예를 들어, "이것은 절대 효과가 없을 거야." "나에게 무슨 문제가 있는 거지." 혹은 "나는 쓸모없어."라고 스스로에게 말하면, 당신은 자기 제한적 신념과 고통스러운 감정을 강화하게 된다. 이러한 종류의 진술들을 "긴장해도 괜찮아." "호흡하는 것을 잊지 마." 혹은 "대부분의 사람은 내가 실수하더라도 나를 받아줄 거야."와 같이 좀 더 긍정적이거나 유용한 생각으로 대체하는 것은 더욱 큰 가능성과 긍정성을 만들어 낼 것이다.

🕊 인지적 오류에 도전하기

불안을 증폭시키고 당신의 삶을 방해할 수 있는 몇 가지 일반적인 인지적 오류를 살펴보자.

- 이분법적 사고: 이 오류는 흑백논리 혹은 극단적 사고라고도 하며, 상황을 연속 선상에 있는 것이 아닌 단지 두 개의 범주로만 분류하려는 경향을 의미한다. (예) "난 항상 망치기만 하는데, 시도해 봐야 무슨 소용이 있겠어?"

- 파국화: 이 오류는 덜 부정적인 가능성이나 다른 가능성을 고려하지 않고 최악의 상황이 발생할 것이라고 믿는 것이다. 점쟁이처럼 미래를 예측하려고 하지만, 부정적인 기대를 가지고 있다. (예) "나는 시험을 망칠 거라는 것을 알아!"

- 긍정 평가절하: 이 오류는 긍정적인 경험이나 특징들을 가치가 없는 것처럼 평가절하하거나 배제시키는 것을 의미한다. (예) "그녀는 내가 오디션에서 잘했다고 했지만, 그녀는 그런 뜻으로 말한 게 아닐 거야."

- 감정적 추리: 이 오류는 충분한 근거나 이유 없이 감정이나 기억에 의존해서 어떤 것이 진실이라고 믿는 것을 의미한다. (예) "오늘밤 파티는 끔찍할 것 같아. 나는 분명 웃음거리가 될 거야."

- 과잉일반화: 이 오류는 한두 번의 경험이나 사건에 근거하여 일반적인 결론을 내리고 무관한 상황에도 그 결론을 적용시키는 것을 의미한다. (예) "일이 결코 내 뜻대로 되지 않아. 나는 정말 운이 나빠."

- 독심술: 이 오류는 다른 가능성을 고려하지 않고 다른 사람들이 무슨 생각을 하고 있는지 알고 있다고 믿는 것, 그들이 실제로 무엇을 생각하고 있는지 확인하지 않는 것을 의미한다. (예) "나는 내 친구들이 나를 바보라고 생각한다고 확신해!"

- 명령법: 이 오류는 자신이나 다른 사람에게 '해야 한다'와 같이 비현실적이고 경직된 기준을 유지하는 것을 의미한다. 이 경우, 당신은 그러한 기준에 충족되지 않으면 스스로를 비난한다. (예) "나는 회의에서 크게 말할 수 있었어야 했어. 나는 정말 겁쟁이야!"

인지행동치료(CBT)는 이러한 인지 오류에 도전하기 위해 문제를 제기하는 논박 질문을 사용한다. 예시는 다음과 같다.

- 나는 최악의 상황이 일어날 것이라고 확신하는가?
- 내가 믿는 것이 사실이라는 증거는 무엇인가?
- 나는 정말 미래를 예측할 수 있는가?
- 그 사람의 행동이 나에 대한 것이 아닌 가능한 또 다른 설명이 있는가?
- 그 사람의 생각이나 추론에 대해 질문할 수 있는가?
- 나는 골치 아프고, 불완전하고, 불편한 것 등을 어떻게 받아들이고, 다루고, 대처할 수 있는가?

개인 연습

잠시 동안 인지 오류 목록을 살펴보고 당신과 관련된 모든 것을 적어 보라. 어떤 식으로든 당신에게 부담이 되고 도움이 되지 않는 생각의 구체적인 예를 찾아보라. 당신의 인지 오류에 도전하기 위해 반박하는 논박 질문을 만들어 보라.

_____

_____

_____

_____

혼란스러운 메시지 관리

우리는 생애 초기부터 부모님과 양육자에게서 감정에 대한 메시지를 배운다. 어떤 가족은 감정 표현이 매우 풍부한 반면, 어떤 가족은 감정 표현이 억제되거나 심지어 억압되어 있기도 하다. 가족의 분위기에 따라, 어떤 감정은 다른 감정들과 다르게 다루어질 수도 있다. 감정에 대한 혼란스러운 메시지를 받는 것은 흔한 일이며, 이는 혼동을 일으킬 수 있다. 여기 몇 가지 예시들이 있다.

- "내가 화가 났을 때, 아버지는 더욱 화를 내셨다. 그래서 나는 조용하고 순종적인 사람이 되었다. 분노는 무섭고 나쁜 것이라고 느껴졌다."
- "내가 슬플 때, 어머니는 걱정하셨다. 이제 나는 단순히 슬프다고 느끼는 대신 불안함을 느낀다."
- "흥분하거나 기뻐하는 것이 나에게는 괜찮지 않았다. 나의 부모님은 항상 나에게 '조용히 해!'라고 말씀하셨다. 이제 나는 삶에 대해 과도하게 신경 쓰지 않는 것을 배웠다."
- "내가 화를 낼 때마다, 어머니는 나에게 먹을 것을 주셨다. 이제 나는 내가 배고픔을 느끼는 것인지 화가 난 것인지 알 수 없다."
- "성장하는 동안 아무도 나의 감정에 관심을 기울이지 않았다. 나는 두려움에 스스로 대처해야 했다. 아직도 가끔 당황스럽고 압도당하는 기분이 든다. 나는 그저 누구도 다루기 힘든 '과한' 사람이었다."
- "나는 무슨 일이 일어날지 전혀 알 수 없었다. 그래서 다른 사람들의 기분이 어떤지 눈치를 봐야 한다고 배웠다. 이것이 내가 스스로를 보호하는 방법이다."

당신의 감정과 건강한 관계를 회복시키기 위해서는 감정에 대한 초기의 교육을 되돌아보고 부정확한 메시지에 도전하며 새로운 관점을 발전시켜야 한다. 예를 들어, 분노 감정은 누군가 당신을 나쁘게 대했거나, 뭔가 잘못되었다는 표시일 때가 많다. 분노를 표현하거나 억압해야 한다고 생각하기보다, 분노의 에너지를 활용하여 더욱 자기주장을 펼치고 당신의 경계를 명확하게 하거나 당신의 삶에서 필요한 변화에 대해 열정을 가질 수 있도록 해 보자.

어린 시절 가정에서 감정이 무시되거나 묵살되거나 오해받았을 경우, 성인이 되어서도 지금 자신이 어떤 기분인지를 인식하는 것이 어려울 수 있다. 하지만 당신은 감정 조율을 위해 자신의 신체 자각을 연습할 수 있다.

여기 핵심 감정의 신체 신호들과 당신의 삶에 통합할 수 있는 감정들에 대한 긍정적인 메시지들이 있다.

- **슬픔**: 가슴이 답답하거나 목이 메는 것. 스스로에게 "슬픔은 느낄 필요가 있고, 그것은 보살핌과 자기 연민이 필요하다는 신호이다."라고 이야기하라.
- **분노**: 이를 악물고 주먹을 움켜쥐는 것. 당신은 "분노는 가치 있는 정보를 제공하고 나에게 공정하고 친절할 만한 가치가 있다고 가르쳐 준다. 나는 건강한 방법으로 나의 요구를 주장할 수 있다."라고 이야기하라.
- **두려움**: 몸이 떨리거나, 숨을 쉴 수 없거나, 추운 것. "내가 두려움을 느낄 때 나는 무엇인가 할 수 있고, 그러고 나서 내 주위를 둘러보며 지금 내가 안전한지 확인할 수 있다."라고 이야기하라.
- **수치심**: 얼굴을 가리고 싶은 것. "나의 수치심은 스스로를 무가치하다고 느끼는 부적절한 감정의 잔여물이다. 나는 사랑받을 가치가 있다."라고 이야기하라.
- **혐오감**: 코를 찡그리는 동안 입술이 아래로 말리는 것과 뱃속에서 신물이 올라오는 것을 느끼는 것. "혐오감은 어떤 것이 안전하지 않다는 신호다. 나는 그것이 옳지 않다고 느껴지면 거절할 권리가 있다."라고 이야기하라.
- **기쁨과 신남(흥분)**: 활기가 넘치는 것, 에너지가 넘치는 것, 미소를 짓는 것, 얼굴의 안팎에서 빛이 나는 것. "나는 행복하고 자유로워질 수 있다. 나는 기쁨을 억누를 필요가 없다."라고 이야기하라.

호기심과 열린 자세로 감정을 탐색하라. 당신이 정서적 건강을 되찾을 때, 이것은 당신의 자의식을 넓히는 데 도움이 될 것이다.

개인 연습

잠시 동안 당신의 원가족 내에서 감정이 어떻게 다루어졌는지를 생각해 보라. 분노, 슬픔, 두려움, 수치심 또는 흥분과 기쁨에 대해 어떤 메시지를 받았는가? 당신이 느끼는 감정이 정확히 무엇인지 파악하는 것이 어렵다고 생각한 적이 있는가? 신체 자각을 높이는 것이 도움이 되는가? 지금 당신의 감정에 대해 스스로에게 말하고 싶은 메시지는 무엇인가?

_____

_____

_____

_____

_____

_____

대인관계 효율성

    다니엘은 그의 결혼과 이혼에 대해 더 많은 것을 이야기하기 시작했다. "우리는 몇 년 동안 즐거운 시간을 보냈는데, 그 후 아내는 아이를 갖기를 원했어요."라고 했다. "나는 내 아내를 해치는 것과 관련한 끔찍한 생각을 하기 시작했어요. 나는 그런 것들에 대해 말할 수 없었고, 내가 꼭 이중생활을 하고 있는 것처럼 느꼈어요." 다니엘은 귀신들린 것 같은 기분이 들었다. 그는 머릿속에 있는 이미지들을 두려워했다. 그는 차라리 그녀의 곁에 자기가 없는 것이 더 낫다고 생각했다.

    내담자가 심리치료를 받는 가장 흔한 이유 중 하나는 관계 스트레스나 갈등과 관련된 고통이다. 대인관계의 어려움이나 상실은 당신을 취약하고 불안정하게 만들 수 있다. 복합-PTSD의 핵심 딜레마는 관계에 대한 소망과 당신에게 관계가 안전하지 않다고 말하는 기억이 서로 반대된다는 것이다. 결과적으로, 건강한 관계를 발전시키는 것이 어려울 수 있다.

중요한 것은, 계속되는 관계 갈등 속에서 사는 것이 치료를 방해한다는 것이다. 관계 위기는 당신이 어린 시절에 배운 고통스러운 관계 패턴을 재현할 수 있다. 당신은 다시 희생되거나 다른 사람들을 희생시킬 위험이 있다고 느낄 수 있다. 과거에 경험한 상처의 문을 열기 위해서는 집에서 안전하다고 느끼는 것이 필수적이다. 심지어 가장 건강한 관계에서도 단절되거나 의도치 않은 오해의 순간이 있을 것이다.

대인관계 효율성을 증진시키는 변증법적 행동치료(DBT) 기술은 건강한 경계를 유지하고 갈등을 해결하는 방법을 배우는 데 도움이 될 것이다. 가끔 이 과정은 당신이 피해를 주었던 때를 인정하고 행동에 대한 책임을 지는 것을 포함한다. 때로는 당신은 다른 사람의 나쁜 행동에 대해 자신이 책임을 지는 것을 삼가야 할 필요가 있을 수 있다.

🕊️ 경계 유지

경계를 갖는 것은 자기 존중의 한 측면으로, '아니요'와 '예'를 주장할 수 있게 해준다. 경계가 없으면 인정받기를 갈망하기 때문에 다른 사람에게 굴복할 가능성이 더 높아진다. 경계를 성공적으로 유지하는 것은 당신이 항상 다른 사람들을 기쁘게 할 수 없다는 사실을 받아들이는 것을 의미한다. 경계는 다른 사람들과 친밀한 관계를 가질 수 있을 만큼 충분히 유연하다는 것을 의미하기도 한다. 궁극적으로, 건강한 경계를 위해 당신은 친밀함과 분리를 모두 견뎌내야 한다.

가장 일반적인 비효율적 경계 유형 세 가지는 다음과 같다.

- **경계가 없는 유형**: 경계가 없는 유형이라면, 거절을 두려워하여 다른 사람들과 분명한 선을 정하는 것을 주저할 수 있다. 당신은 다른 사람들에게 동화되는 경향이 있을 수 있고, 그로 인해 자신에 대한 감각을 잃어버릴 수 있다. 당신은 자신보다 다른 사람들을 돌보는 경향이 있을 것이다. 만약 당신의 경계가 정

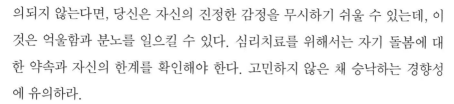

의되지 않는다면, 당신은 자신의 진정한 감정을 무시하기 쉬울 수 있는데, 이것은 억울함과 분노를 일으킬 수 있다. 심리치료를 위해서는 자기 돌봄에 대한 약속과 자신의 한계를 확인해야 한다. 고민하지 않은 채 승낙하는 경향성에 유의하라.

- **엄격한 경계 유형:** 엄격한 경계 유형이라면, 당신은 관계로부터 철수하는 경향이 있을 것이다. 당신은 혼자일 때 가장 안전하다고 느낄지도 모른다. 아마도 당신은 취약한 감정을 둘러싼 벽을 만들었을 것이다. 경계가 너무 엄격하면, 고립되거나 항상 혼자서 일을 처리해야 한다는 부담스러운 신념을 가질 수 있다. 심리치료를 위해서는 당신이 취약할 수 있고 타인이 채워줄 수 있는 욕구가 있음을 인정해야 한다. 필요한 것을 요구하는 것이 처음에는 불편할 수도 있지만, 그렇게 하는 것은 성장과 발전의 신호이다.

- **융합된 경계 유형:** 세 번째이자 가장 일반적인 경계 유형은 이전 유형들이 융합된 형태이다. 당신은 유대감에 대한 갈망과 사람들이 너무 가까이 다가오면 밀어내는 것 사이를 왔다 갔다 할 수 있다. 심리치료를 위해서는 언제 어떤 경계 유형이 지배적인지에 대한 자기 자각을 증가시켜야 한다. 친밀감과 거리감은 둘 다 중요하다. 하지만 당신이 혼자만의 시간이 필요할 때 사랑하는 사람을 밀어내기보다는 대화와 같은 건강한 방식으로 자신의 욕구를 주장할 수 있다면, 당신은 더 큰 만족감을 느낄 수 있을 것이다. 건강한 방식의 자기주장은 다음과 같을 수 있다. "나는 지금 혼자만의 시간이 필요해. 나는 산책하러 갈 거야. 돌아오면 연락할게."

건강한 경계를 발달시키기 위한 단계는 다음과 같다.

- **자기 자각:** 마음챙김 기술은 무엇이 당신의 행동에 동기를 부여하고 있는지에 대한 인식을 발전시키는 데 도움을 줄 수 있다. 만약 당신이 거절에 대한 두려움이나 친밀감에 대한 두려움 때문에 어떤 행동을 하고 있다면, 스스로 속도를

늦추고 당신의 호흡과 신체를 연결해 보라.

• '아니요'라고 말하는 연습: 필수적인 경계 기술이란 어떤 것이 당신에게 옳지 않다고 느껴질 때 '아니요'라고 말할 수 있는 능력이다. 죄책감에서 벗어나는 것과 자신의 한계를 잘 유지하는 것은 연습이 가능하다. 다른 사람들이 당신의 선택에 실망할 수도 있지만, 그렇다고 해서 당신이 굴복하거나 화를 낼 필요는 없다는 것을 인정하라.

• 필요한 것을 요구하는 연습: 당신이 원하는 것과 필요한 것을 표현하기 위해 주장하는 방법을 배우는 것도 중요하다. 어떤 것을 요청하고 부탁하는 연습을 하라. 이러한 과정에서 요청이 거부당했을 때 실망감을 견디는 것이 필요하다. 당신의 요청이 받아들여지는 경우, 당신은 누군가가 당신을 돌보아주는 친밀감을 견뎌내도록 스스로 도전해야 할지도 모른다.

당신의 욕구에 대한 자기주장을 존중하는 것은 당신이 보살핌을 받을 가치가 있다는 것을 인정하는 방법이다.

개인 연습

　당신의 비효율적인 이전의 경계 유형을 살펴보라. 당신은 이러한 대인관계 패턴들 중 어떤 것과 연관이 있는가? 어째서 그러한가? 이제 건강한 경계 유지를 발달시키기 위해 취할 수 있는 조치를 살펴보라. 당신의 삶에서 관계를 강화시키기 위해 이러한 방법을 활용할 수 있는가?

_____

_____

_____

_____

갈등 해결

대인관계 효율성을 증진시키기 위한 변증법적 행동치료(DBT) 기술에는 갈등을 단호하면서도 배려심 있는 태도로 해결하는 것이 포함된다. 효율적인 의사소통 기술에는 상대방을 비난하거나 판단하지 않는 '나 진술(I statements)'이 있다. 건강한 의사소통은 자신의 욕구를 인식하고 그것을 이해할 수 있는 방식으로 표현할 수 있는 능력을 필요로 한다. 또한 건강한 의사소통은 상대방의 관점과 지속적인 관계에 대한 노력을 이해하려는 욕구를 포함한다. 갈등은 관계가 가장 좋은 상태에서 발생한다. 성공적인 갈등 해결을 촉진하는 전략을 살펴보자.

- **설명하기**: 판단하는 말을 피하고 사실을 말함으로써 자신의 상황을 설명하라. "당신은 항상…" 혹은 "당신은 나를 …하게 느끼게 한다."로 시작하는 진술의 함정에 빠지는 경향에 주의하라. 보다 효과적으로 설명하는 방법은 다음과 같다. (예) "내가 퇴근하고 집에 돌아왔을 때, 나는 당신이 나와 당신의 하루에 대해 이야기하고 싶어한다는 것을 알고 있어요."
- **당신의 감정을 이야기하기**: 당신이 어떻게 느끼는지 상대방이 안다고 가정하기보다는 당신의 감정이 무엇인지 이야기하라. (예) "나는 집에 오면 너무 피곤해서 바로 연락하기가 힘들어요."
- **원하는 것을 요청하기**: 그 누구도 마음을 읽을 수는 없다. 필요한 것을 그 사람에게 말함으로써 자신을 표현하라. (예) "나는 퇴근하고 집에 와서 한숨 돌리려면 15분 정도가 걸려요. 그러고 나서 당신에게 집중할 수 있어요."
- **상대방이 원하는 것을 물어보기**: 상대방에게 그들이 원하는 것에 대해 물어보는 것은 당신이 그들에게 관심을 가지고 있다는 것을 보여 준다. 당신이 그것을 제대로 이해했는지 확인하기 위해 들은 것을 다시 물어보는 것이 필요하다. (예) "당신은 하루를 마무리하고 나서 나와 연락하고 싶다고 들었는데, 맞나요?"
- **주고받기**: 건강한 관계에서는 서로의 요구를 어느 정도 협상한다. 당신의 요구

를 계속 주장하면서 그들의 요구에 기꺼이 응할 의사가 있다는 것을 상대방에게 알려라. (예) "나는 가치 있고 의미 있는 시간을 함께 보낼 수 있도록 최선을 다할 거예요."

- **필요에 따라 후퇴하기**: 만약 당신이 거부당하거나 방어적이 되었다고 느낀다면, 잠시 시간을 내어 마음을 진정시키는 것이 중요하다. '타임아웃'을 할 때는 어느 정도의 시간이 필요한지에 대해 합의하고 갈등을 해결하겠다는 의지를 주장하는 것이 효과적이다. (예) "나는 방어적인 태도를 취하기 시작했어요. 나는 당신과 우리의 대화에 최선을 다하고 있지만 숨을 좀 돌릴 필요가 있어요. 잠시 쉬었다가 10분 후에 돌아와도 될까요?"

건강한 대인관계는 명확하고 공정하며 친절한 의사소통으로 유지된다. 다른 사람을 무시하고 함부로 말하는 것을 자제하라. 공손하고 진실되게 행동하도록 최선을 다하라. 만약 당신이 상대방의 마음을 상하게 했다면, 그것을 인정하고 사과하는 것이 상처받은 감정을 진정시키는 데 큰 도움이 된다.

개인 연습

당신의 삶에 존재하는 관계 패턴과 갈등은 무엇인가? 성공적인 갈등 해결과 관련한 전략을 살펴보라. 당신의 삶에서 대인관계를 강화하기 위해 이러한 방법들을 어떻게 사용할 수 있는가?

_____

_____

_____

_____

정서 조절

　　다니엘은 자신의 고통을 다루는 것이 얼마나 어려운지에 대해 이야기했다. 그의 신체가 불편한 감정에 압도될 때도 있었다. 그는 얼어붙고 두려워졌다. 예를 들어, 식료품점에서 한 남자가 자신을 '기분 나쁘게' 쳐다봤던 때를 회상했다. 다니엘은 식료품이 든 장바구니를 통로에 놓고 가게에서 걸어 나와 멍하니 집으로 차를 몰았다. 그는 몇 시간 동안 멍한 상태로 있었다.

　　정서 조절은 정서에 대한 비효율적인 반응과 관련된 고통을 줄이는 것이다. 목표는 정서를 없애는 것이 아니다. 오히려 감정을 단순하게 느끼는 것을 의미한다. 하지만 당신은 고통스러운 감정과 행동(다니엘의 경우에는 가게에서 나와 몇 시간을 멍하니 보낸 것)을 줄이고 싶어하고, 정서 조절을 통해 그렇게 할 수 있다. 바다의 파도처럼, 모든 정서는 상승하고, 최고조에 달하고, 가라앉게 될 것이다. 바다는 하루하루가 다르다. 바람, 해류, 조수가 끊임없이 변화한다. 정서 조절의 첫 번째 목표는 내면세계의 변동을 감지하여 가장 큰 폭풍도 무사히 잘 넘길 수 있게 해 주는 것이다. 정서 조절이 필요한 몇 가지 이슈에 대해 이야기해 보자.

감정적 압도

　　심리학자이자 작가인 다니엘 골만(Daniel Goleman) 박사가 소개한 감정적 압도라는 용어는 두려움이나 분노와 같은 강한 감정이 당신의 생각과 행동을 압도할 수 있다는 것을 의미한다. 뇌의 변연계 속에는 화재 탐지기와 같은 기능을 하는 편도체라는 핵심 구조가 있는데, 이는 당신이 위험에 처해 있는지의 여부를 알아차리는 역할을 한다. 대답이 '예'인 경우, 당신의 편도체는 이성적이고 성찰적인 사고를 담당하는 상부 두뇌 중심인 신피질을 일시적으로 억제할 수 있다. 진화론적 관점에서 볼 때, 멈춰서 생각부터 하는 것보다 호랑이로부터 즉시 도망치는 것이 더 낫다.

감정적 압도는 본능적인 투쟁-도피 반응을 일으킨다. 불행하게도, 복합-PTSD 병력이 있는 사람들은 거짓 경보에 노출될 가능성이 더 크다. 플래시백이나 극단적인 반응과 같은 침습 증상은 실제 위협보다 지각된 것에 반응할 수 있다. 예를 들어, 당신은 파트너의 짜증스런 목소리를 듣거나, 대화 중에 방해를 받거나, 혹은 자녀가 당신의 청소하라는 지시에 눈만 굴리는 것을 보면 과잉반응을 할지도 모른다. 당신이 안정되고 진정되었다고 느껴지면, 이러한 비교적 사소한 사건들은 당신에게 거의 영향을 미치지 않을 것이다. 하지만 취약하다고 느낄수록, 충동적인 행동을 할 가능성이 더 크다.

감정적 압도는 정서 조절의 발달 과정에서 생겨난 일반적인 문제이다. 당신은 정서 지능을 발달시키거나, 당신과 당신을 둘러싼 사람들의 정서를 파악하고 효율적으로 반응하는 능력을 발달시킴으로써 감정적 압도에서 당신을 보호할

> 외상 기억을 성공적으로 처리하면 "외상 사건이 일어났다. 그것은 나에게 일어났고, 이제 그것은 끝났다."라고 말할 수 있다.

수 있다. 목표는 정서를 무시하는 것이 아니다. 그보다는 정서가 제공하는 정보를 당신의 삶의 선택을 위한 지침으로 활용하는 것이다. 당신이 감정적으로 압도되었다는 것을 발견하면, 개입하는 것을 배울 수 있다.

평정심을 되찾을 수 있을 만큼 충분한 시간 동안 감정적으로 매몰되지 않도록 스스로 훈련하라. 다음의 방법을 살펴보자.

- 자율신경계를 진정시키기 위해 천천히 심호흡하라.
- 자신에게 타임아웃을 주고 촉발상황을 피하라. 마음을 가다듬고 자신을 안정시킬 시간을 가져라.
- 당신의 마음을 관찰하라. 상황에 대해 당신이 자신에게 무슨 이야기를 하는지 살펴보고, 이것이 정말 사실인지 스스로에게 물어보라. 가끔은 옳아야 할 필

요가 있다. 잠시 어떤 것을 증명하고 싶은 충동을 떨쳐버릴 수 있겠는가?

• 당신이 이성을 잃어가고 있다고 느낄 때 스스로에게 말할 수 있는 '괜찮아' '진정해' 또는 '내버려둬'와 같은 짧은 문구를 작성해 보라.

• 당신이 다른 사람에게 미치는 정서적 영향에 대한 인식을 높여라. 잔잔한 물위에 남은 보트의 흔적을 떠올려 보라. 당신이 남기고 싶은 흔적은 무엇인가?

개인 연습

잠시 동안 이전 장을 살펴보라. 감정적으로 압도당한 적이 있는가? 반응을 늦추는데 사용할 수 있는 몇 가지 방법에 대해 생각해 보자. 당신은 이 중 하나를 당신의 삶에서 실시하는 것을 상상할 수 있는가?

_____

_____

_____

_____

정서 감내의 범위

정서 감내의 범위는 임상 정신과 의사 다니엘 시겔(Daniel Siegel) 박사가 개발한 개념이다. 그것은 당신이 감정에 효과적으로 반응할 수 있는 신경계 각성의 최적 영역을 가리킨다. 정서 감내의 범위를 벗어나면, 당신은 생존 모드로 들어갈 것이다. 불안이나 압도감 혹은 극심한 공포를 느끼는 것은 당신이 과각성 되었다는 신호이고, 정지되거나, 무감각함, 단절감을 느끼는 것은 당신이 저각성 되었다는 신호이다. 복합-PTSD는 두 가지 극단을 오가거나 한쪽으로 치우쳤다고 느끼는 것이 일반적이다.

정서 조절 연습을 시작할 때는 감각, 사고, 감정의 변동에 대한 마음챙김을 함으로써 정서 감내의 범위 안에 머물 수 있는 능력을 발달시키는 데 초점을 둔다. 이를 통해 정서 조절 곤란의 미묘한 징후에 대한 인식을 높인다. 고통의 초기 징후는 약간의 짜증이나 좌절감의 증가일 수 있다. 아마도 호흡이 가빠졌거나, 이를 악물고 있는 것을 발견할 수 있을 것이다. 신체의 작은 변화를 인식할 수 있으면, 압도당하거나 기능이 정지되기 전에 자기 돌봄 자원을 사용할 수 있다.

개인 연습

정서 감내의 범위를 벗어났을 수 있음을 나타내는 정서 조절 곤란의 초기 징후는 무엇인가? 제3장에서 당신에게 효과가 있었던 자기 돌봄 자원은 무엇인가? 당신이 위기에 처하기 전에 정서 조절 전략을 사용하는 것을 상상할 수 있는가? 아래에 당신의 경험을 적어 보라.

_____

_____

_____

_____

고통 감내력

정서 조절의 첫 번째 목표가 내면세계의 변동을 감지하는 것을 배우는 것이라면, 두 번째 목표는 정서 감내의 범위를 넓히는 것이다. 외상 과거력이 있는 사람들은 감각과 감정 능력이 감소하는 경향이 있다. 힘든 감정을 견디는 법을 배우는 것은 중요하다.

당신은 더 많은 양의 감각과 함께 현재에 머무르는 능력을 천천히 발달시킴으로써 고통을 감내할 수 있다. 당신은 자신의 안전지대에서 천천히 벗어남으로써 고통에 대처하는 능력을 신장시킬 수 있다. 신체기반 심리치료에서는 양극단의 감정에 대한 '주의 이동(pendulation)'이라는 활동을 통해 정서 감내의 범위를 넓히는 방법을 배울 수 있다. 양극단의 감정에 대한 주의 이동은 당신의 몸에서 경험되는 안전감과 고통의 사이에서 주의를 환기시키는 것을 의미한다. 연습은 다음과 같이 진행된다.

- 안전한 환경 안에서 떠올릴 최근의 고통스러운 사건을 선택하라. 당신의 편안함 수준에 따라, 비교적 사소한 최근의 사건이나 자신의 정서 감내의 범위를 벗어난 사건을 선택할 수 있다. 당신이 사건을 회상하면서 경험하게 되는 감정, 생각 그리고 신체 감각을 주의 깊게 관찰하라. 긴장감이나 불편감이 느껴지는 신체 부위에 주의를 기울여라. 호흡을 하면서 감각을 유지하라.
- 당신의 고통을 설명하는 단어를 선택하라. 단어는 감각, 감정, 색깔 또는 이미지에 해당될 수 있다. 예를 들면, '조마조마한' '화난' '뜨거운' '갇힌' '두려운' 혹은 '어두운' 등이 있다.
- 이제, 당신이 평온하고 안정적이라고 느끼는 신체의 모든 부위에 주의를 기울여라. 아마도 이것은 당신의 심장 주위에 있거나, 당신의 손이나 다리에 있을 것이다. 긍정적인 감각을 찾을 수 없다면, 중립적으로 느껴지는 신체 부위를 찾아라. 다시 한번, 호흡을 하면서 당신의 인식이 여기에 머무를 수 있도록 하라.
- 평온하거나 중립적인 감각을 기술하는 단어를 선택하라. 다시 말하지만, 단어는 감각, 감정, 색깔 또는 이미지를 나타낼 수 있다. 예를 들면, '진정된' '평화' '자유' '깨끗함' '텅 빈' 혹은 '밝은' 등이 있다.
- 이제 당신의 주의를 고통과 차분함 사이로 번갈아가면서 전환해 보라. 고통스러운 사건에 대해 생각하고, 당신의 감각을 느끼고, 당신이 떠올린 단어와 연결하라. 불편한 경험을 조금 더 견딜 수 있는지 확인하라. 그런 다음 평온하거나 중립적인 감각, 관련된 이미지 그리고 설명하는 단어로 주의를 전환하라. 평온

한 장소와 고통스러운 사건 사이에서 주의를 전환하는 것을 여러 번 반복하라.

• 깊게 호흡하고, 한숨을 내쉬거나, 당신이 느낀 경험에 반응하여 몸을 움직이고 싶은 욕구를 포함한 신체의 새로운 감각에 주목하라. 아마도 팔이나 다리를 흔들거나 누르고 싶은 충동을 느낄 것이다. 이러한 충동은 투쟁-도피 반응의 정상적이고 건강한 해결책인 시퀀싱(sequencing, 순차적 몸 자각)의 일부이다. 당신이 완료되었다고 느낄 때까지 움직이고 싶은 충동을 따르라.

일단 양극단의 감정에 대해 주의를 이동시키는 훈련에 익숙해지면, 과거의 고통스러운 외상 기억으로 그것을 시도해 볼 수 있다. 하지만 이것이 당신에게 새로운 것이라면, 피터 레빈(Peter Levine)의 'Somatic Experiencing®' 치료 방법에 노련한 신체기반 심리치료사와 함께 외상 내용을 풀어나가는 것도 좋다.

개인 연습

잠시 동안 양극단의 감정에 대해 주의를 이동시키는 연습에 대한 경험을 적어 보라. 당신이 선택한 단어는 무엇인가? 몸의 어느 부위에서 고통을 느꼈는가? 어디에서 평온하거나 중립적인 감각을 찾았는가? 당신은 고통스러움과 평온하고 중립적인 감각 사이에서 주의를 번갈아 기울이면서 무엇을 발견했는가? 아래에 당신의 경험을 적어 보라.

_____

_____

_____

_____

_____

한계에 이르는 요가

요가는 마음의 각성으로써 당신의 불편함과의 관계를 재구성할 수 있는 기회를 제공한다. 이 활동은 바로 지금의 신체, 호흡, 정신에 관심을 집중하게 한다. 목표는 당신의 마음이 주의를 기울일 수 있도록 충분히 오랫동안 자세를 유지함으로써 감각의 '한계'를 느끼게 하는 것이다. 만약 당신이 한계에서 너무 멀리 떨어져 있다면, 다루어야 할 감각이 너무 적어 연습은 피상적으로 남을 것이다. 당신이 한계를 넘어가고 있다는 신호는 자신의 호흡이 멈추거나 날카로운 고통의 감각이 느껴지는 것이다. 당신이 다치지 않도록 이러한 신호에 주의를 기울여라.

요가를 통해 당신은 몸의 지혜를 주의 깊게 경청하는 법을 배울 것이다. 자세가 심화될수록 두려움이 생긴다는 것을 알 수 있을 것이다. 도망가고 싶을지도 모른다. 당신은 경험에 머무를 수도 있고 물러설 수도 있다. 짜증이 나거나 불편할 수도 있다. 가끔은 한계의 감각에 머무르는 것이 강렬한 내면의 변화를 일으킬 수 있다. 당신은 아마도 감정의 파도를 경험할 수도 있고 또는 당신의 몸에 축적된 감각을 발산하고 싶은 욕구를 경험할 수도 있을 것이다. 목표는 이러한 경험을 '내어맡김(요가의 마음수련 방법 중 하나)' 하는 것이다.

크리팔루 요가 훈련에서는 의지와 내어맡김(surrender)이 균형을 이루며 존재할 필요가 있는 양극단임을 강조하고 있다. 새의 두 날개처럼, 그것들은 비행을 위해 협력해야 한다. 너무 많은 힘을 주면 경직되고 굳어버릴 위험이 있다. 내어맡김을 지나치게 강조하면 정체되거나 우유부단해질 위험이 있다. 의지를 강조하는 요가 자세에는 전사 자세, 가슴을 열어주는 자세, 균형 잡힌 자세 등이 있다. 내어맡김을 강조하는 회복요가 자세에는 아기 자세, 전굴(前屈, 앞으로 구부림) 자세, 이완훈련 등이 있다.

몸에 주의를 기울이면, 언제 자신을 밀어내야 하고, 언제 부드러워져야 하는지에 대한 피드백을 받게 될 것이다. 날카로운 통증이 있는가? 호흡은 하고 있는가? 이것들은 물러날 신호이다. 피곤하거나 흥미가 없는가? 자세가 따분하다고 느껴지는가? 이러한 신호는 연습을 더 심화시키고 새로운 도전을 해 보라는 의미이다. 연습에서 가장 중요한 부분은 당신의 감각과 감정을 솔직하게 듣겠다는 자신의 약속이다.

개인사 이해하기

나는 다니엘과 그의 개인사를 더 깊이 탐색하기 시작했다. 이제 그는 고통을 감내하기 위한 준비를 한 채, 과거 이야기를 하면서 자신의 감정적 동요에 유의할 수 있었다. 다니엘은 아버지가 자신과 형을 신체적으로 학대한 알코올 중독자였다고 이야기했다. 최악이었던 것은 형이 맞는 것을 자신이 가만히 지켜봐야만 했을 때였다. 그는 무력감이 싫었다. 그는 아무것도 하지 못한 채 옆에 서 있기만 했던 어머니에 대해 혐오감을 느낀다고 말했다. 서서히 그는 자신의 끔찍한 과거에 대해 이야기했다.

다니엘은 그의 지적인 능력을 알아보았던 6학년 때 선생님에 대해서도 이야기했다. 다니엘은 조용히, "그분은 처음으로 나를 믿어준 사람이었어요."라고 말했다.

그는 "내가 살아남은 것은 그분 덕이에요. 이후 선생님은 내가 집을 나오는 것을 도와주었어요. 내가 대학에 갈 장학금을 받은 것도 그분 덕분이에요."라고 자세히 이야기했다.

복합-PTSD를 치료하기 위해서는 외상의 과거력을 살피는 것이 중요하다. 외상 기억의 성공적인 통합은 고통스러운 과거의 부분들을 조금씩 처리해 나가는 것을 의미한다. 만약 당신이 압도당했다고 느낀다면, 한 번에 하나의 기억이나 혹은 기억의 일부만을 다룸으로써 속도를 조절할 수 있다. 치료 과정을 작고, 접근하기 쉬운 양으로 나누어라. 당신에게 일어난 일을 인정하는 것이 치료 과정의 첫 번째 단계이다.

🐾 일치성 기르기

당신의 이야기를 말로 표현할 수 있는 것 자체가 강인한 것이다. 외상 후 스트레스에 대한 업적을 인정받은 임상 정신과 의사인 베셀 반 데어 콜크(Bessel van der Kolk) 박사에 따르면, 외상치료란 말할 수 없는 사건을 말로 표현해 내는 것을 의미한다. 마찬가지로 다니엘 시겔(Daniel Siegel) 박사는 아동기 외상치료의 핵심 요소로 '일치성(coherence)'의 중요성을 강조하였다. 일치성이란 의미가 통하는 이야기를 하는 것으로 정의된다. 이것은 당신에게 일어난 일에 대해 당신이 괜찮다는 것을 의미하는 것은 아니다. 오히려 일치성은 과거와 현재의 당신이 누구인지에 대해 이해하는 것을 의미한다.

일치성을 촉진시키는 요소들을 살펴보자.

- 외상적 상실을 포함하여 당신의 삶에 대한 주의 깊은 성찰
- 당신의 독특한 삶의 경험이 당신을 어떻게 만들어 주었는가에 대한 자각
- 자기 이해를 체계화하고, 새로운 정보를 수용하며 지속적인 성장을 뒷받침하는 포괄적인 이야기나 삶의 스토리 만들기

다음 연습에서는 일치성 있는 이야기를 만들기 위한 토대로서 아동기 과거력을 탐색하는 데 도움이 되는 질문들을 제시할 것이다. 이러한 질문들은 학대나 방임 사건뿐만 아니라 가족 구성원 및 양육자와의 관계의 본질에 대해 깊이 생각해 볼 것을 요구한다. 이 연습은 당신이 현재 삶에서 불안감을 느끼게 하는 촉발요인으로 남아있는 외상 사건들을 식별하는 데 도움을 줄 것이다. 몇몇 질문들은 당신의 잠재적인 자원이나 치료를 위한 협력자를 식별하기 위해 긍정적인 회복 요인이 있는지 살펴볼 것이다.

불편한 감정과 정서를 경험할 수 있음에 유의하라. 만약 당신이 외상 기억의 핵심 지점에 도달한다면, 그 사건들의 구체적인 내용보다는 중요한 주제만을 쓰도록 하라. 자세한 이야기를 쓰기보다 신문기사의 헤드라인(표제, 큰제목)을 쓰고 있다고 생각하라. 한 번에 하나의 질문에만 대답하거나, 큰 불편감을 불러일으키는 질문에는 대답을 하지 않음으로써 속도를 조절하고 과정을 늦출 수 있다. 필요에 따라 안

정화 작업, 안전한 장소 또는 고통스러운 기억을 봉인하기와 같은 자원(리소스)들을 사용할 수 있다는 것을 기억하라. 만약 당신이 심리치료사와 함께 작업하고 있다면, 치료관계의 안전한 범위 내에서 이러한 질문들에 대한 당신의 대답을 논의해 볼 수 있다.

개인 연습

자랄 때 어머니와의 관계는 어떠했는가?

_____

_____

자랄 때 아버지와의 관계는 어떠했는가?

_____

_____

어렸을 때 당신을 돌봐준 부모와 같은 인물(예: 양부모, 조부모, 양육자)이 있었는가? 만약 그렇다면, 그 사람과의 관계를 설명해 보라.

_____

_____

형제나 자매가 있었는가? 만약 그렇다면, 그들과의 관계를 설명해 보라.

_____

_____

당신이 화가 났을 때(슬플 때, 다쳤을 때 혹은 두려울 때) 주 양육자가 어떻게 반응했는가?

_____

_____

부모님은 당신이 어렸을 때 훈육을 하셨는가 혹은 하지 않으셨는가?

_____

_____

부모님과 조기 분리되었던 적이 있는가? 신체적 혹은 정서적 방임을 경험했던 기억이 있는가?

_____

_____

학대당한(언어적, 신체적, 성적) 경험이 있는가?

_____

_____

부모님의 관계는 어떠했는가? 분노나 폭력의 에피소드가 있는가? 부모님 두 분은 이혼했는가?

_____

_____

당신의 양육자들 중 치료되지 않은 정신질환을 앓고 있는 사람이 있었는가? 만약 그렇다면, 이것이 당신에게 어떤 영향을 미쳤는가?

_____

_____

가족 구성원 중 알코올이나 약물에 중독된 사람이 있었는가? 만약 그렇다면, 이것은 당신에게 어떤 영향을 미쳤는가?

_____

_____

가족 구성원 중 교도소에 수감된 사람이 있었는가? 만약 그렇다면, 이것이 당신에게 어떤 영향을 미쳤는가?

_____

_____

어린 시절에 당신을 돌봐주거나, 보살펴 주고, 이해해 주며, 보호해 주었던 긍정적인 멘토들이 있었는가? 당신이 능력 있고, 똑똑하며, 재능이 있다는 것을 알아차린 사람이 있었는가?

_____

_____

당신을 도울 수 있는 지역사회 구성원(이웃, 교회 사람들, 선생님 또는 코치)이 있었는가? 당신이 집이나 학교에서 어떻게 지내는지 관심을 가진 사람이 있었는가?

_____

_____

당신이 자신의 삶에 대해 이야기할 때 이해받는다는 느낌을 주는 친구가 있었는가?

_____

_____

당신은 세상 물정에 밝았는가? 독립적이었거나 야심가였는가?

_____

_____

이제, 이전 질문들에 대한 답을 살펴보자. 당신의 현재 삶에서 촉발요인으로 존재하는 외상 사건이 무엇인지 알 수 있는가?

_____

_____

🌿 세대 간 대물림 외상

자기 자신과 외상의 과거력에 대해 이해하고자 할 때, 시야를 넓혀 세대 간 대물림 외상을 포함시키는 것이 필요할 수 있다. 심리치료사들은 관계적, 행동적 그리고 정서적 패턴이 세대를 걸쳐 이어질 수 있다는 것을 오래전부터 알고 있었다. 가계도를 살펴보면 개인으로서의 당신을 더 깊이 이해할 수 있다. 세대 간 대물림 외상은 한 세대의 해결되지 않은 외상이 다음 세대로 전해지는 것을 말한다.

외상 스트레스 전문가 레이첼 예후다(Rachel Yehuda) 박사는 PTSD가 가족 안에서 이어진다는 것을 밝혔다. PTSD를 가진 외상 생존자의 자녀들은 외상 사건에 노출되었을 때 PTSD를 경험할 확률이 유의하게 높았다. 예를 들어, 이러한 패턴은 홀로코스트, 히로시마와 나가사키 생존자, 그리고 전쟁 난민의 성인 자녀 및 손주들에게도 나타난다. 또한 시겔(Siegel) 박사는 미해결된 아동기 외상을 가진 성인은 그들의 과거에 대한 일관된 이야기가 부족할 수 있다고 제안한다. 이들이 부모가 되었을 때, 그들은 자신의 정서와 행동이 자녀에게 미치는 영향을 생각하는 능력이 부족하다. 이러한 부모들은 질투, 원망, 분노의 감정에 사로잡혀 학대나 방임을 할 가능성이 더 높다.

세대 간 대물림 외상치료에 중점을 둔 정신치료에서는 당신의 가족사를 이해하기 위한 몇 가지 탐색 작업을 실시한다. 가족의 심리적 유산을 풀어내는 것은 과거는 과거일 뿐이라고 생각하는 가족 구성원들에게는 불편할 수 있다. 외상 이야기는 꼭꼭 감춰져 있거나 암암리에만 언급되는 비밀 맹세와 같은 기능을 할 수 있다. 대조적으로, 어떤 부모들은 과거의 외상을 자주 이야기하거나 재연함으로써 무심코 아이들을 과도하게 노출시킬 수 있다.

가족의 이전 세대에 대한 정보를 수집할 때, 중요한 삶의 사건들과 패턴을 찾도록 노력하라. 예를 들어, 당신은 수년 동안 이어지는 어머니와 딸 사이의 알코올 중독이나 갈등의 패턴을 알 수 있을 것이다. 당신의 세대 간 대물림 외상을 되돌아보면, 당신은 그곳에서 선물도 발견할 수 있을 것이다. 인내, 겸손 그리고 희생과 같은 강점은 당신이 오늘을 살아갈 수 있게 해 준다.

가족력은 당신 자신의 성향에 대한 통찰력을 제공할 수 있다. 또한 에모리 대학교의 마샬 듀크(Marshall Duke) 박사는 가족사를 잘 아는 것이 당신의 정서적 건강을 향상시킨다고 제안한다. 연구에 따르면, 가족의 조상에 대해 더 잘 알고 있는 사람들이 9·11과 허리케인 카트리나 이후 외상 스트레스의 영향을 더 잘 관리할 수 있다고 한다. 좀 더 구체적으로 말하면, 가족력의 흥망성쇠와 관련된 내적 이야기를 가진 사람들은 가장 큰 회복탄력성을 보였다.

개인 연습

당신보다 앞선 세대들의 영향과 경험을 되돌아보는 시간을 가져보라. 당신은 부모님의 어린 시절 경험에 대해 무엇을 알고 있는가? 그들이 직면한 어려움은 무엇이었는가? 그들은 어떻게 대처했는가? 당신은 조부모님이 직면했던 삶의 경험과 어려움에 대해 무엇을 알고 있는가? 당신의 이전 세대에 대해 아는가? 가족사를 되돌아볼 때, 당신은 어떤 패턴을 관찰할 수 있나? 긍정적인가 아니면 부정적인가? 당신의 가계도에서 성취와 강점을 알아냈는가?

이러한 질문에 대한 답을 적는 시간을 가져 보라.

_____

_____

_____

_____

_____

_____

_____

_____

과거 기억에 대한 처리

다니엘은 과거의 아픈 기억들에 대해 이야기했다. 그는 무력감을 표현했다. 그는 양친에게 느꼈던 분노와 혐오감을 인정했다. 이러한 아동기의 끔찍한 기억을 처리하면서 다니엘은 자신의 몸이 사방에서 팽팽하게 당겨지는 느낌을 묘사했다. 폭발할 것 같은 기분이었다. 그는 자신의 몸의 감각에 대한 자각을 유지하면서 아버지를 철장 속에 가두는 것을 상상하고 싶은 충동을 느꼈다. 그런 다음 형과 둘이 자유롭게 탈출하는 것을 마음속에 그려 보았다.

그런 다음 "아버지도 학대를 당했다는 느낌이 들어요. 아버지가 자유를 찾았으면 좋았을 텐데."라고 말하자 깊은 슬픔이 일어났다. 다니엘은 자신에 대한 분노가 가라앉기 시작했다. 그는 아버지의 잔인한 학대를 멈추기 위해 아무것도 하지 못한 자신을 용서했다. 그는 "나는 단지 어린 소년이었고, 나는 최선을 다했다."고 인정하게 되었다.

모든 트라우마 치료는 자신에게 일어났던 외상 사건들을 반복하라고 요구한다. 치료 목표는 외상 사건에 자신을 둔감하게 만드는 것이다. 둔감화는 외상 사건을 생각할 때마다 느껴지는 정서적 고통, 신체적 고통의 양을 감소시키는 것이다. 중요한 것은, 이러한 고통의 강도 완화가 고통 회피나 분리와 같지 않다는 것이다. 정반대로, 당신은 그것에 직면했고, 그렇게 함으로써 자신에게 고통의 양을 감소시킬 힘을 줄 수 있는 도구에 대한 팁을 얻어왔다. 외상 기억에 대한 성공적인 처리는 '외상 사건이 과거에 일어났고, 그 사건은 나에게 일어났으며, 이제는 끝났다.'고 말할 수 있도록 해 준다.

🌿 둔감화

둔감화는 외상 사건에 대한 세부 감각, 생각, 감정을 성찰함으로써 외상 사건과 관련된 정서적, 신체적 고통의 양을 감소시킨다. 외상 기억을 둔감화시키는 방법에는 몇 가지가 있다. 노출치료는 외상 기억에 대한 강도가 감소한다고 느낄 때까지 반복적으로 외상 사건에 대해 이야기하는 것을 포함한다. 하지만 이 모델은 당신을 압도하거나 재외상화(retraumatization)할 위험이 있다. 더 미묘한 차이가 있는 둔감화 모델로는 인지처리치료(CPT)와 EMDR(안구운동 둔감화 및 재처리 요법)이 있다.

인지처리치료(CPT)는 외상 기억의 성공적인 처리를 위해서 외상을 해결하는 데 방해가 되는 사고를 식별해야 한다고 강조한다. 심리치료사와 함께 '나는 누구도 믿을 수 없다.'와 같은 과잉 일반화나 'X만 했더라면 Y가 일어나지 않을 수 있었을 텐데.'와 같은 부정확한 논리가 있음을 인식하는 것을 배울 수 있다. 인지처리 치료(CPT)에는 내담자가 외상 사건과 관련된 가능한 한 많은 세부 감각(시각, 청각, 후각 등)을 작성하도록 하는 매우 구체적인 지침이 포함되어 있다. 심리치료사의 지지와 함께, 당신은 외상 사건 동안 일어났던 어떤 생각이나 감정을 포함시키도록 노력해야 한다. 당신은 매일 자기 자신에게 작성한 기록지를 읽은 후 다음 상담 회기에 심리치료사에게 자신의 이야기를 읽도록 권장된다. 그러나 치료 과정이 압도적으로 느껴지면 건너뛰고 필요에 따라 자원(리소스)으로 돌아가면서 속도를 조절할 수 있다는 점을 기억하라.

> "두려운 공허감이나 끔찍하게 무서운 환상만이 존재했던 곳에서 지금 뜻밖의 넘치는 활력이 발견되었다. 이것이 예전의 고향으로 돌아가는 것은 아니다. 왜냐하면 이러한 가정이 전에는 존재한 적이 없기 때문이다. 이는 새로운 가정의 창조인 것이다."
>
> ─밀러(Alice Miller) 박사, 심리학자 및 작가

EMDR 치료에서 강조하는 둔감화는 역경에 적응하고 힘들었던 삶의 사건을 처리할 수 있는 타고난 능력의 결과다. 둔감화를 위해서는 이중 자각 상태(Dual Awareness State: DAS)에 들어가야 한다. 이것은 현재 순간에 한 발을 딛고 계속 인

식하고 있으면서, 과거 외상 기억에도 동시에 한 발을 딛고 기억을 되살리는 것이다. 과거 트라우마에 대한 감정, 감각, 이미지에 양발을 들여놓게 된다면, 감정적으로 홍수상태에 빠지거나 압도되기 쉽다. 이중 자각 상태는 트라우마와 관련된 이미지에 초점을 맞출 때 양극단의 자극을 사용하여 달성된다. 가장 일반적으로 양측성 자극은 심리치료사가 안내하는 짧은 세트에서 눈을 좌우로 움직이면서 이루어진다. EMDR 치료는 트라우마 과거력을 다시 말할 필요가 없다. 오히려 양측성 자극으로 트라우마의 이미지를 시각적으로 상상하고 현 순간의 신체적 세부 감각, 생각, 이미지를 추적한다. 때때로 당신은 외상 기억과의 작업에서 꼼짝할 수 없다고 느낄 수 있다. 예를 들어, "학대는 내 잘못이었다." 또는 "나는 나쁘다."와 같은 부정확한 신념에 사로잡힐 수도 있는데, 이 경우 당신과 자신의 EMDR 심리치료사가 함께 협력하여 외상 처리에 방해가 될 수 있는 부정적인 사고 패턴에 도전해 볼 수 있다.

텍사스 대학의 제임스 페니베이커(James Pennebaker) 박사는 신체에 대한 연구에서 외상 기억들에 관한 글을 쓰는 것만으로도 결과적으로 기분 개선, 보다 나은 정신적인 관점, 면역 체계 기능의 개선, 그리고 혈압 감소와 같은 정신적·신체적 건강이 개선된다는 것을 발견하였다. 당신은 치료의 보조 자료로서, 또는 심리치료를 받기 어렵거나 감당할 수 없을 때, 자기 치유의 방법으로 개인 가정사에서 발생한 외상 사건을 글로 써볼 수 있다. 글쓰기를 통해 얻을 수 있는 가장 큰 이점은 다음과 같다.

- 외상 사건의 구체적 사실 및 세부 사항
- 외상 사건 기간에 경험한 모든 생각, 정서 또는 감각
- 현재의 외상 사건에 대한 느낌, 신념 또는 이미지
- 이러한 외상 사건이 자신의 삶에 미치는 영향력

외상 사건에 대한 글쓰기 과정에서는 내면의 비판이나 글을 사회적으로 받아들

여질 수 있도록 쓰고 싶은 욕구를 버리는 것이 도움이 된다. 치료적인 글쓰기는 그 외상 사건에 대해 자유롭게 연상하도록 격려하고, 그것이 자신을 어디로 데려가든지 개방적으로 자신의 생각의 흐름을 따라야 한다.

개인 연습

이 장의 앞부분(126쪽의 '개인 연습' 참조)에, 당신의 가족사를 이해할 수 있는 질문의 종류들이 소개되어 있었다. 그때, 당신은 더 많은 주의를 요하는 어떤 외상 사건들을 확인했는가? 이 연습은 글쓰기를 통해 외상 기억을 처리함으로써 보다 깊이 들어갈 수 있는 기회를 제공할 것이다.

_____

_____

_____

_____

통합

다니엘은 중요한 깨달음을 얻었다. 그는 형을 보호할 수 없었다는 이유로 스스로를 처벌하고 있었음을 알게 되었다. 그는 외상 기억을 처리한 후, "이제는 그것이 내 잘못이 아니었다는 것을 안다."고 말할 수 있었다.

그는 마침내 그의 어린 시절과 결혼 생활의 상실 그리고 수년 동안 스스로에게 상처를 입혔던 것들을 슬퍼할 수 있었다. 이윽고 그의 자살 충동에 대한 공상은 과거의 일이 되었다. 그는 마침내 자신의 삶을 살 준비가 되었다. 그는 고립에서 벗어나 세상에 다시 참여하고 다른 사람들과의 건강한 관계를 발전시키기를 갈망했다.

이전의 개인 연습 부분에서 과거의 외상 사건에 대해 적도록 하였다. 아마도 당신은 새로운 통찰을 발견했거나, 자기 이해가 높아졌거나, 자기 연민이 깊어졌을 것이다. 이러한 긍정적인 감정은 외상 처리의 일반적 결과이다. 이 새로운 인식을 당신의 삶에 통합하는 데에는 다소 시간이 걸릴 수 있다. 외상 치료의 다음 단계는 의미 있는 행동과 변화에 새로운 통찰을 통합하는 데 초점을 두고 있다. 제5장은 복합-PTSD의 우울 증상을 치료하기 위한 몇 가지 재활 연습을 안내하고, 이 책에서 얻은 통찰을 통합하기 위한 도구를 제공한다.

아마도 당신은 글쓰기 연습에 압도감을 느꼈을 것이다. 만약 당신의 기분이 깊이 가라앉았거나 압도되거나 혹은 정서 감내의 범위를 벗어난 것처럼 느껴졌다면, 당신은 안정화시키고 봉인하기를 하고 다시 안전한 감정으로 돌아갈 수 있었는가? 당신의 대답이 '아니요'라면, 이는 단순히 더 많은 지지를 얻기 위한 신호일 뿐이다. 복합-PTSD의 치료는 취약한 감정을 불러일으킬 수 있는데, 이 책이 심리치료사의 직접적인 지지를 대신할 수는 없다. 어떤 것이든 너무 고통스럽게 느껴진다면, 책을 내려놓거나 제2장과 제3장의 준비를 위한 자원과 수용 연습으로 되돌아 감으로써 언제든 자신의 속도를 조절할 수 있다는 것을 기억하라. 새로운 정보를 통합하는 데 시간이 더 필요하다면 그 과정을 늦추는 것은 아무런 문제가 되지 않는다. 다시 한번 말하지만, 특히 자기 혼자서 진행하기 어려움을 느끼고 더 많은 지지가 필요할 경우, 자격을 갖춘 치료 전문가를 찾는 것을 강력히 권한다.

요약

이 장에서는 복합-PTSD의 침습적이고 침입적인 증상에 대한 작업을 안내하였다. 당신은 불안과 관련된 일반적인 인지적 오류를 탐구하고, 건강한 관계를 지지하는 도구를 만들었으며, 정서 조절과 관련된 정서 감내의 범위에 대해 배웠다. 또한 깊은 자기 이해를 하고, 과거의 외상 사건을 처리할 기회를 가졌다. 잠시 동안

이 장 전체의 개인 연습과 작성해 둔 메모를 재검토하라. 당신 자신, 감정 그리고 관계에 대해 무엇을 배웠는가? 당신의 과거가 오늘날의 당신에게 어떤 방식으로 영향을 미쳤는가? 지금까지의 당신의 경험을 되돌아보는 기회로 이 글쓰기 공간을 활용하라.

_____

_____

_____

_____

_____

_____

_____

_____

_____

_____

_____

_____

_____

제5장

/

캐시 이야기
우울 증상 치유하기

40대 중반의 지적인 비혼 여성 캐시는 이미 다른 곳에서 수년간의 심리치료 경험을 한 후 나를 찾아왔다. 그녀는 자신의 이야기를 잘 알고 있었고, 자신의 과거 외상을 분명하게 요약하였다. 초기 면접에서 캐시가 여섯 살 때부터 아버지에게 성적 학대를 받았다는 것을 알게 되었다. 학대는 5년 동안 지속되었다. 어머니는 상황을 '모른 척'했다. 캐시가 열한 살 때, 어머니에게 학대에 관해 알렸고, 두 사람은 살던 지역을 떠났다.

그 이후 그녀는 아버지를 보지 않았다. 집, 친구, 고향을 모두 떠난 것이다. 캐시와 어머니는 캐시의 아동기에 다섯 번이나 더 이사를 했다한 동안 치료를 받았지만, 캐시는 항상 무망감과 절망감으로 힘들었다. "저는 아직도 너무 우울하고 늘 지쳐 있어요."라고 캐시는 눈물을 흘리며 내게 말했다.

이후에 나는 캐시가 소화장애와 요통문제로 의사를 보느라 자주 결근을 하게 된다는 것을 알게 되었다. 그녀는 "직장을 잃을까 걱정이 돼요."라고 말했다. 그녀는 부끄러움과 수치심에 쌓여 있었다. "제게 무슨 문제가 있어서 나아지지 않을까요?"라고 내게 물었다.

캐시의 이야기는 우울증의 흔한 증상적 특성과 외상이 심신에 미치는 지대한 영향을 보여 준다. 복합-PTSD의 우울 증상은 종종 해결하기 가장 어려운 부분이다.

> "외상 기억을 처리하는 것과 내면의 공허함을 대면하는 것은 완전히 다른 일이다."
>
> −반 데어 콜크(Bessel van der Kolk) 박사, 정신과 전문의

무망감, 무력감, 절망감, 수치심이 현실인식을 지배하기도 한다. 심신이 건강하지 않을 때, 거기서 벗어날 방도를 발견하는 것은 쉬운 일이 아니다.

당신이 캐시의 이야기를 이해할 수 있다면, 당신은 혼자가 아니라는 것을 알아야 한다. 미국인 10명 중 1명이 어떤 형태로든 우울증을 경험한다. 그러나 당신에게 외상 이력이 있다면 우울증의 가능성은 4배나 더 높아진다. 우울증은 평소에 즐기던 일에 대한 관심을 잃게 한다. 당신이 원하는 것보다 수면이나 섭식이 증가하거나 감소할 수도 있다. 너무 소진된 느낌이 들거나 아무것도 하고 싶지 않을지도 모른다. 절대 상황이 변하지 않을 것이라고 믿거나, 어떤 노력도 소용없을 것이라고 생각할지 모른다.

희망이 없다는 생각이나 느낌이 우울증의 일부라는 것을 인식하는 것은 중요하다. 이러한 증상들은 당신이 위협적 상황에서 변화를 시도할 수 없게 무력하게 했던 과거의 환경에서 배운 경험의 잔재이다. 다면적인 접근을 통해, 당신은 우울증의 증상을 애정을 갖고 해결하는 방법을 배우게 될 것이다. 이 장에서는 수치심이

나 무력감과 같은 미해결된 감정들을 풀어가는 것을 다루겠다. 외상치료에서 이 단계의 목적은 자신에 대한 긍정적인 감정과 사고들을 자신의 삶에 새로이 통합시킴으로써 신체적, 정서적 안녕을 지원하는 것이다.

우울감의 덫

캐시는 늘 우울할 것을 두려워했다. 그녀는 패배감에, "내가 나아질 거라는 희망이 전혀 없어요."라고 했다.

나는 캐시와 함께 그녀가 자신과 자신의 증상에 대해 갖고 있는 신념들을 탐색하기 시작했다. 영원히 자신이 손상되었다는 핵심 신념을 그녀가 갖고 있음을 알게 되었다. 나는 그녀에게 그런 신념을 버린다면 삶이 어떻게 달라질지를 물었다. 그녀는 몇 분간 질문에 대해 생각하더니 "내가 누군지 모를 것 같아요."라고 대답했다. "그러면 어떤 사람이 되고 싶나요?"라고 내가 부드럽게 질문했다.

복합-PTSD를 갖고 있는 대부분의 사람은 무력한 생각, 고통스러운 정서와 견딜 수 없는 우울감을 직면해야 한다. 인지행동치료에서는 우울증에 세 가지 부정적인 사고가 있다고 본다. 그 세 가지(인지삼제)는 부정적 자아개념, 부정적 세계관, 부정적 미래관이다. 예로, "나는 실패자다, 나쁜 일들이 언제든 내게 일어날 것이다, 어떤 변화도 일어나지 않을 것이다."라고 스스로 말하는 것이다. 이러한 신념은 학습된 무력감과 수치심에서 온 것이다. 무력감을 느낄 때 해리가 빈번히 나타나기도 한다. 우울 증상의 덫으로부터 벗어나기 위해서는 온유, 수용, 인내가 필요하다.

학습된 무력감

학대를 멈추게 하거나, 가정폭력 상황을 끝내거나, 부모의 음주를 멈추게 할 수 없을 때, 아동은 무력감을 느낀다. 지속적인 아동기의 외상은 학습된 무력감의 상태를 가져온다. 이 용어는 처음에는 동물이 반복적으로 피할 수 없는 충격에 노출되었을 때 피할 기회를 주어도 탈출 시도를 하지 않게 되는 것을 묘사하는 것에 사용되었다. 펜실베이니아 대학의 심리학자이자 연구자인 마틴 셀리그만(Martin Seligman) 박사는 후에 학습된 무력감을 위협적인 상황에서 아무런 통제력을 갖지 못하는 사람들의 느낌과 행동을 설명하는 데 확대하여 사용하였다. 셀리그만 박사는 학습된 무력감을 비관적인 태도의 기반이라고 하였다. 그는 비관주의의 3P를 개인화(Personalizing), 일반화(Pervasiveness), 영속성(Permanence)이라고 하였는데, 달리 말하면 "그건 내 잘못이다, 나는 모든 일을 망친다, 나는 늘 이 모양일 거다." 라고 하는 것과 같다.

신뢰할 수 없는 양육자에 의해 양육되었을 때, 당신은 그 경험을 일반화하기 쉽다. 당신은 어느 누구도 믿을 수가 없다거나 세상은 온통 위험하다고 느낄 수 있다. 복합-PTSD가 치유되면서, 당신은 이제 안전하고, 선택할 수 있게 되었음을 인정하는 것이 중요하다. 과거의 무력함에 더 이상 묶여 있지 않다. 셀리그만 박사는 긍정적인 사고를 선택하는 것을 '학습된 낙관성'이라고 하였다. 이 과정은 부정적인 자기 대화에 의식적으로 반박하고, 부정확한 생각들을 긍정적인 신념으로 바꾸는 것이다.

개인 연습

우울의 인지적 세 요소(인지삼제)와 비관주의의 3P 간의 관계를 연결시킬 수 있는가? 어떤 핵심 신념들이 당신이 앞으로 나아가는 것을 막고 있는가? 그런 신념들을 내려놓는다면, 당신의 삶은 어떻게 달라질지 상상해 보라. 지금 당신 스스로에게 무슨 말을 해 주고 싶은가?

_____

_____

_____

_____

🌿 수치심의 치유

수치심은 당신이 '나쁘다'고 믿는 것이다. 이런 감정은 스스로가 무가치하고, 손상되고, 실패자라고 믿는 왜곡된 자기인식에 기반한다. 왜 수치심이 이토록 보편적인가? 어린 아동은 안전이나 세상과 연결에 대한 인식을 양육자에 온전히 의존하기 때문이다. 이 책의 앞부분에서 논의했듯이 양육자가 학대하였다면, 당신은 두려움의 원인이 되는 사람으로부터 도피하고자 하면서 동시에 가까워지고 싶은 본능적 동기 간의 매우 어려운 갈등상황에 직면하게 되는 것이다. 아동기에 학대받았거나 방임된 성인들은 종종 자신을 비난하곤 한다.

> "상처 주는 감정들의 부정적인 힘을 제거할 수는 없다. 그런 감정들을 다루는 유일한 방법은 직면하고, 그 세계에 들어가, 그런 감정들을 전환하려 시도하는 것이다. 그 과정에서 지혜가 생길 것이다. 우리의 약점이 강점으로 변하고, 다른 사람들을 향한 애정이 되고, 깨어난 본성의 토대가 될 것이다."
>
> —조안 할리팩스(Joan Halifax) 박사, 선사(禪師) 및 저자

이는 만성적인 죄책감과 수치심을 낳는다. EMDR 치료자인 짐 나이프(Jim Knipe) 박사는 이러한 자기 비난은 아동기에 가졌던 논리와 직접적인 연관을 갖는다고 하였다. 즉, 나쁜 부모에게 의존하는 좋은 아이라는 끔찍한 현실을 직면하지 않기 위해 자신들이 좋은 부모에게 의존하는 '나쁜' 아이라는 환상을 갖게 된다는 것이다. 아니면 '착한' 행동이 나쁜 일이 일어나는 것을 멈추게 할 것이라 믿었을 수도 있다.

수치심은 종종 완벽주의적 성향으로 드러나기도 한다. 아동기에, 부모가 당신의 솔직한 감정을 다룰 수 없었기에 당신이 완벽하게 행동해야 한다는 믿음을 내면화했을 수도 있다. 혹은 '착한' 행동을 하면 나쁜 일들이 일어나지 않을 수 있다고 믿었을지도 모른다. 두 상황 모두에서, 당신은 상황을 악화시키지 않기 위해 당신의 진실된 감정을 숨겨야 했을 것이다. 완벽주의는 고통스러운 감정을 눌러야 한다는 비판적인 자기 대화에 의해 유지된다. 내면의 비판자가 당신을 게으르다, 멍청하다, 쓸모없다고 비난할 때, 당신은 또다시 수치심에 직면하게 된다.

수치심과 완벽주의의 사이클로부터 자유로워지게 할 실천방법을 자세히 살펴보자.

- **당신이 사용하는 언어를 검토한다**: 시걸 박사는 '나는 나쁘다(I am bad).'라고 하는 것과 '나는 기분이 나쁘다(I feel bad).'라는 말 사이의 차이를 지적한다. 첫 번째 진술문은 고통스러운 감정과 동일시하는 것인 데 비해, 두 번째 진술문은 감정에 사로잡히지 않으면서 그 감정 자체를 인정하는 것이다.

- **'…해야만 한다(should)'를 피한다**: '…해야만 한다'는 완벽주의나 당신에 대한 어떤 기대치를 강요하여 당신 본래의 존재 자체를 거부하는 것이다. '지금쯤은 이 문제를 극복했어야만 한다.' '실수를 절대 하면 안 된다.' '난 강해져야만 한다.'라고 말하는 것이다. 당신이 '…해야만 한다'고 말하거나 생각할 때, 한 걸음 뒤로 물러나 자기 수용에 초점을 맞추라고 권하고 싶다.

- **수치심이 당신을 괴롭히는 사람인 듯 상상해 본다**: 수치심을 괴롭히는 사람처럼 상상해 보면, 당신의 감정과 거리를 두게 되고 반박할 수 있게 될 것이다! 괴롭히는 사람이 당신을 비하하면 어떻게 느낄까? 수치심을 통해 무엇을 깨닫기를 원하는가? 수치심에 맞서지 못할 때, 3장(98쪽)에서 당신에게 힘을 줄 수 있는 지원군을 찾을 수 있을 것이다. 누가 당신을 위해 일어나 보호하려 할까? 당신과 당신의 지원군은 수치심이라는 괴롭히는 사람에게 뭐라고 말해 주고 싶을까?

- **수치심의 신체적 감각을 경험해 본다**: 종종 수치심의 치유에서 가장 힘든 부분은 몸으로 느끼는 감각을 견뎌내는 것이다. 수치심을 동반하는 견딜 수 없는 '역함'

을 말로 표현하기 힘들다. 온통 가라앉는 듯한 느낌이나 당신이 무언가 잘못한 듯한 느낌을 경험할지도 모른다. 수치심의 신체적 경험을 풀어가는 중요한 실천 방법은 4장(121쪽)의 양극단의 감정에 대한 주의 이동(pendulation)을 보라. 목표는 수치심에 동반되는 신체적 불편감을 견디는 힘을 키우는 것이다. 신체적 감각을 감지할 수 있게 될 때, 당신은 어떻게 호흡하고 움직일 것인가에 대한 여러 선택을 할 수 있게 된다. 당신은 수치심으로부터 당신의 몸을 자유롭게 할 엄청난 힘이 있다. 강하고 유능한 느낌을 주는 자세를 발견하거나, 가슴 위에 사랑스러운 애정의 표현으로 손을 얹을 수도 있다.

- **취약함을 불러낸다**: 수치심을 느낄 때, 더한 당혹감을 겪게 될까 두려워서 흔히 자신의 솔직한 감정을 감추려 한다. 하지만 당신이 솔직한 감정을 보여 주게 되면, 다른 사람들이 당신을 지지할 수 있다. 브레네 브라운(Brené Brown) 박사의 연구에 의하면 자신의 가장 취약한 감정을 보인다는 것은 강함의 증거이고, 건강한 회복을 돕게 된다. 그녀는 "사람들은 선별적으로 감정을 무감각하게 할 수 없다. 부정적인 감정을 느끼지 않게 억누르려 할 때, 긍정적인 감정도 동시에 억눌리게 된다."라고 설명하였다.

개인 연습

당신의 삶에서 수치심이 어떻게 나타나는가? 수치심에 동반되는 생각이나 감각에는 어떤 것이 있는가? 수치심이 당신 삶에 침습할 때, 이전에 다루었던 연습들을 시도해 보라. 어떤 것이 수치심을 극복하거나 치유하는 데 도움이 되는가?

_____
_____
_____
_____

🌿 해리의 치유

해리는 위협이 되는 경험으로부터 당신을 분리시키는 생물학적 보호기제이다. 해리 경험은 감각이 흐려지거나 졸린 듯한 느낌 또는 집중의 어려움 등과 같이 상대적으로 약한 감각부터 무감각하거나 완전히 차단된 느낌까지의 연속선상에서 경험된다. 한 극단으로는 기억을 상실하거나 시간 감각을 잃기도 한다. 예로, 방임되거나 학대받은 아동이 위협적인 경험으로부터 해리하거나 신경을 끄는 것을 배우기도 한다. 성인기에 두려움, 수치심 또는 무력감을 주는 삶의 부분을 잊고자 할 때 이러한 해리가 지속된다. "과거의 일을 기억하는 것은 너무 힘들다."라고 하는 것이다. 비현실감과 비인격화는 해리의 두 가지 주요 측면이다. 비현실감은 자신이 마치 꿈속에 있는 듯한 것을 말한다. 비인격화는 자신의 생각과 감정이 마치 자신의 경험이 아닌 듯 분리시키는 것이다. 해리를 치료하기 위해서는 당신의 아동기의 방임과 학대경험을 수용해야 한다. 그렇게 함으로써, 자신에게 일어났던 외상적 사건들을 인정하고, 지금 그런 일들은 끝이 났다는 것을 인정할 수 있는 능력을 갖게 되는 것이다. 당신은 과거와 현재를 구분할 수 있으며, 그러한 능력은 이전에는 할 수 없었던 선택을 할 수 있게 할 것이다. 이 과정을 통해 당신의 삶이나 세상에 존재하는 부당함, 불공평, 고통, 악함을 이해하게 될 것이고, 이는 당신이 역경에 적응할 수 있는 능력에 중요한 역할을 할 것이다. 나치 강제 수용소에서 수년간의 감금 생활에서 생존한 빅터 프랭클(Viktor Frankl) 박사의 이야기는 이 과정의 좋은 예가 될 것이다. 그는 삶의 의미를 지킬 수 있었던 수용자들은 희망을 버리지 않았고, 잔혹한 경험을 이겨낼 수 있었다고 보았다.

삶의 의미는 여러 방식으로 찾을 수 있다. 철학이나 종교, 영성 등을 통해 찾을

> "우리가 해야 하는 질문은 '왜 이런 일이 내게 일어났을까? 내가 이런 일을 당할 만한 일을 저질렀는가?'가 아니다. 그런 질문은 답도 없고 의미도 없는 것이다. 좀 더 나은 질문은 '이런 일이 내게 일어났는데 그 일에 대해 내가 무엇을 할 수 있을까?이다."
> —해롤드 쿠쉬너(Harold Kushner) 박사, 랍비 및 저자

수도 있다. 당신 자신의 고유한 고통의 경험이 스스로를 성장하게 하고 어떤 면에서는 더 나은 사람이 되게 하였다는 것을 인정함으로써 의미를 찾을 수도 있다. 중요한 것은 당신이 경험한 외상적 사건들이 어떤 이유로 인한 것이었다고 누구도 말할 수 없다는 것이다. 어떤 개념이 당신에게 울림을 주든지, 당신이 찾게 되는 의미는 당신의 선택이고, 당신에게 편안하게 느껴지는 것이어야 한다.

개인 연습

해리에 관해 읽고 나서 어떤 생각과 느낌이 드는가? 이 책을 읽기 전에 당신에게 의미를 부여하는 것은 어떤 것인가? 새로운 의미를 생각하기 시작했나? 당신의 생각을 적어 보라.

_____

_____

_____

_____

_____

트라우마와 애도

캐시는 더 이상 자신의 우울에 대해 스스로를 탓하지 않는다. 이젠 작은 희망의 빛을 느낄 수 있게도 되었다. 그러나 아직도 우울의 무게를 느끼고 있고 거의 매일 울고 있다. 우리는 그녀가 삶에서 경험한 다양한 상실에 관해 이야기하면서 그녀가 경험하는 슬픔의 근원적인 원인을 탐색하였다. 그녀는 자신이 속했던 지역사회, 친구, 아동기에 살았던 집을 잃은 것 등을 애도하기 시작하였다. 그녀는 아버지를 잃게 된 것조차도 슬퍼하였다. 아버지가 자신을 학대했지만, 아버지가 돌아가시기 전에 보지 못한 것을 슬퍼하였다. "안녕이란 말도 못했어요."라고 되돌아보았다.

캐시는 아버지의 죽음에 대해 분노, 안도, 슬픔, 속죄 등 많은 감정을 갖고 있다. 한 사람에 대해 이렇게 다양한 감정을 경험하는 것을 매우 혼란스러워 했다.

외상은 종종 애도를 동반한다. 안정감을 상실했다는 점을 슬퍼할 수도 있다. 아동기에 누렸어야 할 기쁨을 잃은 것을 애도할지도 모른다. 또 방임이나 학대를 했던 사람들을 잃게 될 때, 미해결된 고통이나 분노의 감정들이 일어날 수도 있다. 애도는 내려놓는 작업이다. 처음에는 외상적 기억을 날려보내면 가해자로부터 속죄를 기대하던 마지막 희망조차 포기하는 것처럼 종종 느껴지기도 한다.

인지처리치료(CPT)에 따르면, 해결되지 않은 애도는 PTSD로부터 회복 과정을 어렵게 하거나 우울 증상으로 이어진다고 한다. 더 중요하게 기억할 것은 애도는 장애가 아니라는 것이다. 이는 상실에 대한 정상적인 반응이며, 한시적 과정이 아니라는 것이다. 인지처리치료는 애도의 자연스러운 과정을 방해하는 장애물들을 제거하는 것에 초점을 둔다. 예를 들어, 왜곡된 사고가 상실의 현실을 왜곡시키거나 부당하게 자신을 비난하게 함으로써 애도 과정을 방해할 수 있다. 그동안 '강해져야 한다.'는 메시지를 듣곤 해서 고통을 부정하도록 학습되었을지도 모른다. 자신과 세계에 대해 좀 더 정확한 인식을 갖게 되면, 좀 더 건강한 애도 과정이 이루어지고, 그동안 겪었던 상실의 현실을 수용하기가 쉬워질 것이다.

🌱 애도의 단계

애도는 복잡하고 혼란스러운 과정이다. 애도 과정에 대한 모델들을 이해하게 되면 당신이 애도에 대한 입장을 결정하는 데 도움이 될 것이다. 고전적 모델로 정신과 의사인 엘리자베스 쿠블러-로스(Elisabeth Kübler-Ross)는 애도의 다섯 단계를 부인, 분노, 타협, 우울, 수용으로 설명하였다. 중요한 것은, 쿠블러-로스 박사는 이 단계를 융통성 있게 이해하라고 권유한다. 애도의 과정은 모든 사람에게 일반적인 것도, 선형적인 것도 아니기 때문이다. 그러나 애도의 단계는 죽음이나 상실과 관련된 감정들을 인정하고 논의할 수 있는 한 방법을 제시해 준다. 그

> "감히 말할 수 있는 것은, 최악의 상황에서도 살아남게 하는 것은 인생에 의미가 있다는 것을 아는 것이다."
>
> ―빅터 프랭클(Viktor E. Frankl) 박사, 정신과 의사 및 홀로코스트 생존자

다음에 나온 애도 모델들은 회복탄력성, 희망과 성장도 애도 과정의 중요한 부분이라는 것과, 상실을 감당하게 될 때 감사와 용서로 이어질 수 있다고 제안한다. 당신의 외상 이력과 관련하여 당신이 상실을 어떻게 처리하고 있는지 탐색하는 데 도움이 되도록 애도의 핵심 측면들을 검토해 보고자 한다.

- 부인: 외상적 현실로부터 완충시키는 보호기제로서 부인이 있다. 삶이 초현실적으로 느껴지기도 한다. 종종 혼미하기도 하고, 집중하기 어려울 수도 있다. 복합-PTSD의 맥락에서, 부인은 해리로 나타나기도 한다. 힘든 사건이 일어나지 않았다고 하거나, 크게 영향 받지 않은 것처럼 사는 방법이기도 하다.
- 분노: 분노, 격분, 원망, 비난 등을 경험하는 것은 매우 흔하다. 유기됨, 무력감, 무망감 등도 경험할 것이다. 애도는 상황이 달랐기를 바라는 실현되지 않은 희망과 바람을 드러내는 것이기도 하다. 당신을 위해 함께했던, 그러나 이제는 떠난 사람에 대한 그리움일 수도 있다. 혹은 예전에 당신을 위해 있어 주지 못했던 사람과 관계를 맺을 기회가 있었더라면 하는 것도 있다. 후회와 사라지지 않는 원망은 흔하다. 자신이나 사랑하는 사람들, 인생 자체에 대해 분노할 수도 있다.
- 타협: 타협의 핵심 정서는 죄의식이다. "그들이 싸우는 걸 말릴 수 있었어야 했어."라거나 "내가 무언가를 했더라면 학대를 예방할 수도 있었을 거야."와 같

은 자기 비난적 진술들과 관계있다. 타협은 어떻게든 시간을 돌려서 다른, 종종 비현실적인 선택을 할 수 있었을 것이라는 마법과 같은 생각과 신념의 특성이 있다.

- **우울**: 애도는 깊은 슬픔으로 가장 빈번히 나타난다. 우울감에는 당신의 삶이 의미 없는 듯한 느낌이나 절망감이 동반된다. "살아서 무엇하나?" 하는 질문을 스스로에게 하거나 어떻게 계속 살 수 있을지, 왜 그래야 하는지 자문할지도 모른다. 이는 직접 고쳐야 할 문제라기보다는 관심을 두어야 할 문제—심각한 상실에 동반되곤 하는 공허함—에 대한 경고신호라는 것을 인식해야 한다.
- **수용**: 수용은 당신에게 일어났던 일을 인정하고, 당신만의 삶을 살기로 선택할 수 있는 능력이다. 이는 과거에 일어난 일이 괜찮다는 의미가 아니다. 그러나 당신의 현재의 관계들에 투자하고 기쁨을 향유할 수 있으며 의미 있는 방식으로 세상과 관계할 수 있다는 것을 의미한다.
- **회복탄력성과 성장**: 분노, 두려움, 슬픔이 외상 이력과 관련되는 유일한 감정은 아니다. 당신의 삶에 대한 깊은 감사를 경험하기도 한다. 고유한 삶의 경험으로 인해, 다른 사람들과 의미 있는 방식으로 관계 맺기를 할 수 있는 더 큰 능력을 갖게 될 수도 있고, 스스로를 정서적으로 취약한 입장에 노출시키고, 도움 요청을 쉽게 하기도 한다. 회복탄력성은 타고난 것이라기보다는 치유 과정의 한 부분으로 학습하고 개발될 수 있는 것이다.

개인 연습

이 연습의 목적은 외상적 상실을 애도하는 과정에서 나타나는 원망, 후회, 감사, 희망과 같이 상충되는 감정들을 다루는 것이다. 이 연습은 4개의 단어들로 만들어졌다. 각각의 단어들을 보면서 충분히 시간을 갖고 머릿속에 떠오르는 대로 최대한 많은 기억(성찰, 단어, 감정 등)을 적어 본다.

내가 애도하는 것은 …

_____

_____

내가 분노와 원망의 감정을 갖고 있는 것은 …

_____

_____

내가 후회하는 것은 …

_____

_____

_____

나의 희망은 …

_____

_____

_____

내가 감사하고 수용하는 것은 …

_____

_____

_____

말로 표현하기 어려움

캐시는 종종 강하게 몸과 마음으로 느끼는 감각이 있었다. 그에 더해 만성적인 긴장을 경험했고, 과민성 대장증후군 진단을 받았다. 지속적인 요통도 있다. 너무 오랫동안 통증을 갖고 살아와서 변화는 불가능하리라 생각했다.

우리는 그녀의 신체적 감각들을 다루기 시작했다. 나는 캐시에게 복부와 허리에 마음챙김과 호기심을 갖고 집중해 보라고 했다. 처음에 캐시는 울기 시작했다. 나는 그녀에게 자신의 몸을 움직이게 하는 어떤 감정, 이미지, 단어, 충동을 찾아보라고 하였다.

캐시는 "어두워요, 움직일 수가 없어요. 제 몸이 굳은 것처럼 느껴지고, 몸이 아파요."라고 말하며 소파에 몸을 깊이 묻었다.

나는 캐시에게 안전한 내 상담실에 있다고 알려 주었다. 그녀는 눈을 뜨고 주변을 살펴보았고 나를 쳐다보았다. 그리고 나는 자신의 감각을 다시 느껴 보라고 말해 주었다. 그녀는 "내 발이 바닥을 딛고 있는 것을 느껴요. 내 목에 뭐가 걸린 듯한 느낌도 있고요."라고 대답했다.

그러자 나는 "지금 당신 몸이 무엇을 하고 싶은가요?"라고 물었다.

캐시는 "밀치고 걷어차고 싶어요! '내게서 떨어져!'라고 소리치고 싶어요!"라고 강하게 말했다.

나의 격려에 따라 그녀는 그 말을 반복하였다. 그녀는 천천히, 마음을 집중해 그녀의 팔과 다리로 밀어냈다. 그녀는 스스로 "내게서 떨어져!"라는 단어들을 의지를 갖고 반복하였다.

몇 분 뒤, 캐시는 조용해졌다. 그녀는 평온해졌고, 이전에 보지 못했던 광채가 얼굴에 돌았다. 나를 쳐다보며 "이젠 끝났어요."라고 말했다.

그리곤, "지난 수년간, 제 머릿속에서 그 일을 되뇌어 왔지만 한 번도 내 몸이 그 이야기를 하지 못하게 했어요. 내 몸에도 이야기가 있었다는 것을 몰랐어요!"

라고 말했다.

지난 10년간, PTSD 치료에 신체기반 심리치료가 치료 기법의 선두주자였다. 반 데어 콜크 박사는 그의 저서『몸은 기억한다』[1]에서 신체가 외상치료에 포함되어야 하는 과학적 근거를 설명하였다. 그 예로, 5세 이전 유아기의 기억은 인생 후반부에 발생하는 전형적인 기억과 다르다. 이미지나 분명한 스토리가 없기 마련이다. 그런가 하면, 5세 이후 외상적 기억은 억압되거나 해리되어 기억의 조각으로만 기억된다. 둘 다 이유를 모르는 감정이나 근원을 알 수 없는 신체적 감각

> "모든 부정적 감정에게 올바른 방향으로 움직일 공간을 허용하면 올바른 존재로 바뀔 잠재적인 에너지가 된다."
>
> ─유진 겐드린(Eugene Gendlin) 박사,
> 철학자 및 심리치료사

들로 경험될 수 있다. 그래서 이성이나 논리로는 외상치료에 충분치 않다는 것이다. 미해결된 외상은 건강에 지대한 영향을 주어 소화기 문제, 심장 질환, 암, 만성적 폐 질환, 간 질환, 면역기 질환 등 질병으로 이어지게 된다. 그래서 감각과 신체의 움직임과 관련된 이해할 수 없는 충동들을 잘 다루는 것이 치료의 중심적 부분이 되는 것이다.

🌱 몸의 이야기

대화기법의 한 가지 한계는 과거시제로 이야기하는 것에 초점을 둔다는 것이다. 신체기반 심리치료는 여기─지금의 신체적 인식을 활용한다. 모든 스트레스를 주는 삶의 사건들은 투쟁─도피 반응을 야기한다. 도피 전략이 없는 위협의 상황에서 몸은 정지상태로 얼어붙는다.

---

1 [역자 주]『몸은 기억한다: 트라우마가 남긴 흔적들(The Body Keeps the Score)』은 베셀 반 데어 콜크 박사의 널리 알려진 저서로, 한국에서는 2016년에 초판, 2020년에 개정판이 출간되었다.

우리의 몸의 감각을 인식하고, 호흡을 들이쉬고, 움직임으로써 외상적 사건의 신체적 영향으로부터 긴장을 풀 수가 있다. Somatic Experiencing® 치료는 해결 안 된 방어 행동들을 정리하는 과정이라고 부르는데, 생존을 위해 도피하거나 투쟁하는 것이 필요했던 상황을 마음으로 의식하면서 경험하게 하는 것이다. 감각운동 심리치료는 이 악물기, 주먹 움켜쥐기, 입을 굳게 닫기 등의 행동들을 마음속으로 의식하며 탐색해야 할 미해결된 행동의 징후로 본다. 당신의 몸이 이야기하게 될 때, 당신은 치유를 향한 움직임에 필요한 역량을 회복하는 것이다. "내 몸에 어떤 일이 일어나길 원하는가?" 자문해 보라. 그리고 마음으로 의식하며 몸의 감각들을 경험해 보라.

개인 연습

전형적으로, 복합–PTSD와 관련된 우울증은 부동화(immobilization), 무기력, 수치심 등의 감정에 대한 반응으로 몸이 무너진 듯한 느낌이 쉽게 사라지지 않는다. 다음의 Somatic Experiencing® 치료는 당신의 회복탄력성과 몸 안의 힘을 의식적으로 회복하게 해 줄 것이다.

• 이 요법을 탐색할 수 있는 안전한 장소를 찾아 의자에 앉으라.
• 몸을 축 늘어뜨려라. 어깨가 앞으로 늘어지게 하고 시선은 아래를 본다. 늘어지지 않으려고 하지 말고, 완전히 무릎까지 늘어지도록 조금씩 의식적으로 몸을 크게 늘어뜨려라.
• 충분한 시간을 갖고 당신의 몸의 느낌에 집중하라. 어떤 감정과 생각이 떠오르는가?
• 그리고 천천히 몸을 들어 척추를 곧게 세워 보라. 천천히 상체와 머리를 들어 머리는 척추와 일직선이 되게 하고 최대한 똑바로 앉는 자세를 취하라. 눈을 들어 똑바로 앞을 보라. 당신의 가슴에 감각들을 느껴 보라. 열린 느낌이나 펼쳐지는 느낌이 있는가? 지금 어떤 느낌이나 생각이 드는가?
• 다시 몸을 늘어뜨리고 싶으면, 당신이 똑바로 앉으려 특별히 애쓰지 않아도 될 때까지 여러 차례 반복하라.

신체에 초점 둔 연습 경험에 대해 써 보라.

_____

_____

_____

_____

_____

_____

심신의 치유

어느 날, 캐시가 기분이 고양되어서 내 상담실을 찾아왔다. 지난주에 요가 수업에 갔었다는 이야기를 했다. 첫 수업에서, 그녀는 신체적으로 매우 힘든 연습은 일부만 할 수 있었지만 '좀 더 자신감을 느꼈다.'는 놀라운 경험을 설명하였다.

캐시는 '그날 하루 종일 반듯이 서고, 좀 더 나 자신답게 느꼈다.'고 말했다.

캐시는 보다 희망적으로 느끼게 되었고, 며칠 후에 다시 요가 수업에 갔다. 또다시 그녀는 집중할 수 있었고, 하고 난 후에는 편안해졌다.

그 상담 회기 후 여러 달 동안, 캐시는 요가를 정기적으로 하였다. 그녀가 매번 요가 수업 중에 스탠딩 자세를 취할 때, 긍정적인 효과가 증가하는 것을 느꼈다고 했다. 그녀는 점진적으로 신체적 힘과 유연성과 긴장을 이완시킬 수 있는 능력을 회복해 가고 있었다.

아동기 역경 경험 연구(ACE)에서 볼 수 있듯이(38쪽), 미해결된 아동기 외상은 신체건강에 상당한 영향을 미친다. 스트레스와 외상 관련 질병들은 만성 자율신경계 조절장애와 연관이 있다. 그런 질병으로는 고혈압, 혈당 불균형, 저항력 관련 문제, 소화장애 등이 있다. 치료 방식에 대한 통찰이 치유를 향한 여정에 중요한 부분이기는 하지만, 복합-PTSD가 신체질환에 갖는 의미를 해결하기에는 일반적으로 충분치 않다.

외상 이력을 갖고 있는 많은 내담자는 심신의 통증으로 힘들어하다가 의료진의 도움을 청하곤 한다. 의사나 정신과 전문의는 약물을 처방하는데, 가끔은 약물치료만 하기도 하고 추가적으로 심리상담으로 의뢰를 하기도 한다. 수년 동안 벤조다이아제핀(발륨, 재넥스, 아티반, 클로노핀)제들이 심신의 통증에 빠르게 약효를 보여 많이 처방되었다. 그러나 2012년 이후부터 이 계열의 약들은 의존성이 있어 오

"지난 세월 내내 나는 내 머리로부터 이야기를 했지, 내 몸이 이야기하도록 하지 않았다. 내 몸도 할 이야기가 있다는 것을 몰랐다!"

히려 치유 과정을 지연시키기에 PTSD에 적절하지 않은 것으로 분류되었다. 이 약들은 외상해결 과정에 필요한 신체적, 심리적 과정을 억누를 수 있기 때문이다. PTSD 치료의 성과도 있으면서 부작용이 적은 약물들은 SSRI(선택적 세로토닌 재흡수 억제제) 약물(프로작, 셀렉사, 졸로프트, 팍실) 등이 있다. 추가적으로 보완적이거나 대안적 치료들도 외상 회복에 상당히 유용한 것으로 나타났다. 많은 내담자가 마사지, 침술, 명상, 요가, 운동, 건강한 섭식 등이 건강에 중요하다는 것을 알게 되었다. 정기적인 운동과 편안한 휴식이 매일의 일상에 추가될 때 심신의 건강에 효과적이다.

⚜ 미주신경 자극하기

심신치료는 만성 자율신경계 조절장애를 조절해 준다. 미주신경이 중심적인 역할을 하는데, 건강한 미주신경 긴장도는 소화기 체계를 최적의 상태로 유지해 주

고, 심장 건강을 촉진하며, 면역체계를 잘 기능하게 한다. 미주신경은 복부와 횡경막, 폐, 목구멍, 내이(귀 안쪽)와 안면 근육을 통과한다. 그래서 신체의 부위들에 영향을 미치는 행동은 심-신의 피드백을 통해 미주신경의 기능에 영향을 미친다. 미주신경은 신체적 감각과 감정을 긴밀히 인식하도록 돕는 쌍방향 무선 통신기와 같은 것으로 생각하면 된다. 미주신경을 자극하는 연습은 차분하고 통제된 상태를 유지할 수 있게 하기에 필요에 따라 이완하게 하거나 에너지를 상승시키는 데 초점을 둔다. 미주신경 자극은 다음과 같이 집에서 편하게 여러 방법을 시도해 보면서 그 효과를 볼 수도 있다.

- **콧노래**: 미주신경은 성대와 내이(귀 안쪽)를 지난다. 콧노래의 진동은 신경계를 안정시킨다. 당신이 좋아하는 노래를 부를 때 가슴, 목, 머리에서의 감각에 주의를 기울여 보라.
- **의식적 심호흡**: 서서히, 의식적으로 호흡하는 것이 신경계에 영향을 주는 가장 신속한 방법이다. 호흡할 때 복부와 횡경막을 움직이고, 호흡의 속도를 낮추는 것이 목표이다. 미주신경 자극은 호흡이 1분에 10~14번 정도의 평균적 속도에서 5~7번으로 떨어질 때 일어난다.
- **발살바법**(Valsalva Maneuver): 이 어려운 이름의 호흡법은 기도를 막고 숨을 내쉬는 제법 단순한 과정이다. 입을 다물고 코를 쥔 채 호흡을 내쉬려 한다. 이 운동은 흉부 내부의 압력을 높이고, 미주신경 긴장도를 높인다.
- **잠수 반사**: 최고의 미주신경 자극 방법이라 할 수 있는데, 입술부터 두피선까지 얼굴에 찬물을 뿌려서 잠수 반사를 자극한다. 잠시 호흡을 멈춘 상태에서 비닐주머니에 얼음을 넣어 얼굴에 댐으로써 열을 식히는 효과도 시도할 수 있다. 잠수 반사는 심장박동을 낮추어 주고, 혈액이 뇌로 가는 것을 증가시키며, 분노를 조절하고, 몸을 이완시킨다.

개인 연습

어떤 운동을 좋아하는가? 어떤 것이 긴장을 이완시키는 데 도움이 되는가? 최적의 건강을 유지하기 위해 어떤 추가적인 자원의 활용이 필요하다고 생각하는가? (마사지, 침술, 영양 상담, 운동 트레이너)

_____

_____

_____

미주신경을 자극하는 연습들을 검토해 보고, 직접 해 보라. 당신의 경험에 마음을 집중하고 관심을 가져보라. 예를 들어, 심호흡을 얼마나 해야 당신 내면에 변화가 느껴지는가? 콧노래와 심호흡 중 어떤 것이 더 좋은가? 어떤 결과를 발견했는가?

_____

_____

_____

통찰을 행동으로 안착시키기

캐시의 우울증은 지속적으로 개선되었다. 자신이 망가졌다고 생각하는 핵심 신념을 버렸고, 무망감에 휩싸이지도 않았다. 기쁨이나 행복감과 같은 긍정적인 정서를 쉽게 받아들이지 못하기도 하지만, 곧 자신도 긍정적 감정을 느낄 가치 있는 사람이라는 것을 기억하였다.

캐시는 복통이나 요통과 같은 신체적 증상들이 완전히 사라지지 않으리라 알지만, 통증에 대한 두려움이 감소되었다. 통증을 느낄 때, 그녀는 속도를 늦추며 심호흡을 하고, 신체적 경험에 주목하라는 신호로 받아들였다. 정기적으로 요가를 하였고, 자신의 식습관에 관심을 두어야 함을 깨달았다.

이제 캐시는 "나는 강하고 능력이 있다. 내 삶에 이리 많은 고통이 없었으면 좋겠지만, 더 이상 나의 과거가 나로 하여금 긍정적이고 의미 있는 미래를 살지 못하게 하지는 않을 것이다."라고 말했다.

캐시는 새로운 위험을 감수할 수 있다고 느꼈다. 친구와 우정을 쌓고, 다시 이성을 만날 수 있다는 것을 상상하게 되었다. 심호흡을 하며 앞으로의 가능성을 생각하였다.

새로운 긍정적인 신념과 정서는 외상을 다루게 될 때 얻는 성과이다. 시간을 갖고 긍정적인 정서들을 당신의 삶에 통합시키는 것이 중요하다. 당신은 사랑과 돌봄을 받을 가치가 있다. 외상치료의 통합 단계에서 긍정적인 감정과 행동들을 강화시킴으로써 당신이 원하는 삶을 만들어 갈 능력이 있다고 스스로 느끼게 된다. 긍정적인 감정들을 확장시키려면 기쁨, 행복, 흥분 등의 긍정적인 감정들까지 포함해, 정서에 동반되는 감각들을 견뎌 내야 한다. 배가 해변에서 쉽게 접근할 수 있도록 해변 가까이에 닻을 내리듯이, 긍정적인 감정과 행동을 위한 닻을 만들 수 있다. 여기서 심리적 닻은 하루를 지내는 동안 당신이 안정감을 느끼고 희망적일 수 있게 할 간단한 말이나 행동들이다. 예로, 매일 아침 일어나 스스로에게 "난 충분히 괜찮아."라고 말하는 것이다. 이 말을 포스트잇에 적어 거울에 붙여 놓고 매일 아침 볼수도 있다. 아니면, 서두르지 말고 식사를 즐기라고 스스로에게 알려주기 위해 식사 전에 다섯 번 심호흡을 하는 것일 수도 있다.

이러한 대처들을 통합하면, 당신이 어떤 어려움에 직면할 때 용기를 낼 수 있고, 당신 자신을 신뢰하게 한다. 예로, 상사에게 임금 인상을 요청한다고 상상해 보자. 똑바로 서서 상사와 눈을 맞추고 자신 있게 말하는 그림을 그려 볼 수 있다. 상사가 그러겠다고 하면 당신은 어떻게 느낄지, 상사가 거절하면 당신은 이 상황을 어떻게 처리할 것인지를 상상해 보라. 일반적으로 통합의 과정은 당신의 과거, 현재, 미래와 관련하여 당신의 긍정적인 신념을 강화하는 데 집중하는 것이다.

긍정적인 정서 견디기

당신이 아동기에 학대나 방임을 경험했다면, 당신이 경험한 기쁨, 행복, 흥분 등의 감정을 지지해 줄 성인이 없었을 가능성이 크다. 오히려 당신이 열정이나 기쁨을 표현했다고 혼이 났었을 수도 있다. 좋았던 일들을 거의 기억할 수 없을 수도 있고, 즐거운 감각을 느낄 때 이를 억누르고 싶을 수도 있다.

꽃이 활짝 펴서 자리를 많이 차지한다고, 일몰 광경이 너무 빛난다고 꾸짖지는 않는다. 그러나 다른 사람들이 당신을 이기적이라거나 자만한다고 비난하지 않을까 해서 얼마나 많이 당신의 빛나는 순간들을 스스로 눌렀는가? 기쁜 일을 자축하면 그 일이 사라져 버릴 것 같다는 생각을 갖고 있을 수도 있

> 건강한 이기심은 자기 돌봄과 비슷한 것이고 다른 사람들을 생각하지 않는다는 것이 아니다. 오히려 이런 형태의 이기심은 복합-PTSD 치유에 중요하다. 다른 사람들이 관심 갖지 않을 때조차 자신의 욕구와 감정을 존중할 것이기 때문이다.

다. 아마도 죄책감이 당신에게 기쁨을 느끼지 못하게 할지도 모른다. 이기적인 것이 나쁜 것으로 여겨지기도 할 것이다. 그러나 심리학자들은 건강한 형태의 이기심은 안녕의 열쇠라고 한다. 건강한 이기심은 자기 돌봄과 같은 것이지 다른 사람들에 대해 무관심하다는 것은 아니다. 오히려 이런 형태의 이기심은 복합-PTSD를 치료하는 데 특별히 필요하다. 왜냐하면 이는 다른 사람들이 무관심할 때도 당신이 자신의 욕구와 감정을 존중하는 것이기 때문이다. 기존의 연구들에 의하면,

- 이기적인 사람들이 더 건강하다. 자신들을 더 잘 돌보는 경향이 있다.
- 이기적인 사람들은 더 좋은 관계를 맺는다. 그들은 자신에 대해 좀 더 명확한 인식을 갖고, 소통하고 명확한 경계를 유지하는 능력이 있다.

- 이기적인 사람들은 좋은 지도자가 된다. 성공하고자 하는 욕망과 자신감, 자신들의 목표를 달성하고자 하는 동기를 갖고 있다.
- 이기적인 사람들은 좀 더 행복하다. 즐거운 일에 시간을 쓰고, 그 결과 좀 더 자신의 감정에 충실하다.

이젠 당신이 최대한 꽃피울 능력을 다시 회복할 때이다. 당신은 자신의 아름다움을 즐기고 만끽할 모든 권리가 있다. 즐거운 정서는 건강한 면역체계에 도움이 된다고 한다. 그러니 당신에게 자양분을 주는 일에, 영감을 주는 생각에 '예'라고 답하고, 당신의 창의성을 표현하라. 무엇이 당신에게 경탄의 감정을 일으키는가? 아이들이 웃는 소리일까, 정원의 꽃에 비춰는 빛일까? 아니면 입에 감도는 초콜릿의 맛일까? 삶의 속도를 줄이고 순간이란 선물을 받으라.

개인 연습

이 마음챙김 연습은 긍정적인 몸의 감각을 인식하는 능력을 증가시키는 것이다. 불편함과 통증에 초점을 두는 경향을 극복하려면 연습이 필요하다. 고통의 감각으로 분산되려 하면, 이제 연습하려는 훈련에 부드럽게 조금씩 다가가라. 시간이 가면서 쉬워질 것이다.

- **편함에 주목하라**: 당신 몸에서 좋은 느낌이나, 편안하거나 이완된 특정 부위를 살펴본다. 통증이 없는 부위를 찾기가 어렵다면, 몸의 말단부까지 관심을 확대해서 코, 손가락, 발가락의 끝까지 적어도 중립적인 느낌이 있는 부분을 찾아본다.
- **확장하고 즐기라**: 편안함과 중립적 감각을 깊이 불어넣으라. 당신의 감각은 어떤 질의 것들인가? 그런 감각에는 온도, 색깔, 이미지가 있는가? 편안함과 이완되는 감각들을 좀 더 강화할 수 있는가? 따스함과 기쁨의 감각을 발견할 수 있을 것이다. 그런 감정이 몸 전체에 퍼지고 채워지는 것을 상상해 보라. 원하는 만큼 이 과정에 머무르라. 서두를 필요가 없다고 스스로에게 말해 주라. 기쁠 때까지 편안히 쉬라.

• **다시 집중하고 다듬으라**: 분산되거나 머릿속에서 막혔다고 느끼면, 처음 시작했던 편안한 부위로 다시 집중하라. 이 과정을 반복하라. 긍정적인 감각에 좀 더 길게 머물기를 해본다.

긍정적인 감각과 편안함에 집중하는 연습 경험에 대해 잠시 시간을 내어 적어 보자.

_____

_____

_____

_____

✿ 긍정적인 신념의 장착

EMDR 치료에서 '장착 단계'가 있다. 이 단계에서는 당신 자신에 대한 새로운 긍정적인 신념들을 과거와 현재, 미래에 통합시키는 데 초점을 둔다. 첫 단계에서 아동기의 외상적 기억을 되살리면서도 의심 없이 당신은 강하고, 능력 있고, 가치 있고, 힘이 있다는 것을 받아들이는 것이 어떤 느낌일까를 상상해 본다. 그리고 그 과정에 당신 자신에 대한 긍정적인 신념을 확장시키고, 그런 신념을 어렵게 하는 장애물을 넘어서도록 충분한 시간을 갖는다.

예로, 한때 당신은 아동기의 사건에 당신의 잘못이 있다고 믿었을 수 있다. 이 과정에서는 그런 고통스러운 상황에 있는 당신을 본다고 상상하며 어린 당신에게 "절대 네 잘못이 아니야. 잘못한 일이 전혀 없어. 네 모습 그대로 사랑스러워."라고 말한다. 두 번째 단계는 당신 자신의 가치 있음을 믿게 되는, 즉 있는 모습 그대로 충분히 사랑받을 만하다는 것을 믿게 되면, 당신의 삶이 어떨까를 상상하는 것이다. 세 번째 단계는 이러한 자신에 대한 긍정적인 신념이 어떻게 당신의 미래를 바꿀지를 상상하는 것이다.

개인 연습

다음의 긍정적인 신념 리스트를 살펴보라.

- 나는 사랑스럽다.
- 나는 중요하다.
- 나는 가치 있다.
- 나는 살아남았다.
- 나는 강인하다.
- 나는 유능하다.
- 나는 소속이 있다.
- 나는 이제 안전하다.

이 목록에서든 다른 어떤 긍정적인 문장이든 당신의 치유 과정에 가장 적절하다고 생각하는 것을 선택하라. 시간여행을 통해 어린 당신과 대화를 한다고 상상해 보라. 어린 당신에게 지금 당신이 깨달은 것을 말해 주라. 아마 이런 말을 할 수 있을 것이다. "언제까지나 고통을 느낄 거라고 네가 생각하는 걸 알아. 하지만 넌 이 일로부터 결국은 살아남을 것이란 것도 알면 좋겠어. 언젠가 안전할 때가 올 거야. 지금은 모를지라도, 너는 소중하고 사랑받을 가치가 있단다." 충분한 시간을 갖고 자신에 대한 긍정적인 신념을 과거에 장착시키도록 하라.

이제, 당신의 말을 현재의 삶 안으로 불러들이는 것을 상상해 본다. 집이나 직장에 있는 것을 상상하자. "때때로 삶이 힘들다고 느끼긴 하지만 최악의 상황은 지났다. 이젠 안전

> "가장 뿌리 깊은 두려움은 우리가 부족하다는 것이 아니다. 우리의 깊이 박힌 두려움은 측정할 수 없으리만큼 우리가 강하다는 것이다. 우리를 두렵게 하는 것은 우리의 어둠이 아니라, 우리의 빛이다. 우리는 자문한다. 내가 누구길래 명석하고, 아름답고, 재능 있고, 대단한 사람이 되고자 하는 거지? 당신이 누구길래 안 된다는 겁니까?"
>
> —매리안 윌리암슨(Marianne Williamson), 저자 및 강의자

해. 나는 소중하고 사랑받을 자격이 있다."라고 말해 보라.

마지막으로, 미래의 당신을 상상해 보자. 당신 자신을 위하여 어떤 목적을 갖고 있는가? 아마 어려움을 성공적으로 극복한 모습을 상상할 수 있을 것이다. "너는 소중하고 사랑받을 가치가 있어. 너는 강하고 능력이 있어. 너를 믿고, 네가 성취한 것들이 매우 자랑스러워."라고 미래의 당신에게 말하는 것을 상상할 것이다.

이 개인 연습을 한 경험에 대해 잠시 시간을 갖고 적어 보라.

_____

_____

_____

_____

_____

요약

이 장에서는 복합-PTSD의 우울 증상을 극복하는 방법을 소개하였다. 수치심, 무력감, 해리 등의 이슈를 살펴보았으며, 애도에 관해서도 다루었다. 신경계를 조절하는 방식과 신체건강을 지키는 방법들에 대해서도 배웠다. 무엇보다 스스로에 대한 긍정적인 감정과 신념들을 강화하고 자신의 삶에 정착시키는 것을 배웠다. 이 장에서 다룬 개인 연습들과 당신이 적은 기록을 검토하는 시간을 가져보라. 자신에 대해 무엇을 깨닫게 되었는가? 다음의 지면을 지금까지의 당신의 경험에 대해 생각해 보는 공간으로 사용하라.

제6장

/

장기적 성장을
위한 실천

이 책 전반에서, 고통을 대하는 자세를 바꾸라고 하였다. 힘든 정서나 기억을 거부하기보다는 어려움을 직면하였다. 여러 개인 연습들을 통해 당신이 강해졌고, 자신에 대한 이해가 깊어졌기를 바란다. 치유는 여기서 끝이 아니다. 이 책을 사용하는 시간 후에도 계속될 것이다. 정서적, 신체적 건강을 도모하는 행동들을 매일 적극적으로 실천할 때가 올 것이다. 랄프 왈도 에머슨(Ralph Waldo Emerson)은 "인생은 목적지가 아니라 여정이다."라는 유명한 격언을 남겼다. 치유의 여정을 자신을 발견하는 보람된, 평생 동안 해야 하는 과정으로 생각하길 바란다.

이 마지막 장에서는 개인적 성장과 회복탄력성을 키우는 연습들을 학습할 것이다. 당신의 창의성을 대하는 스스로의 모습을 발견해 가기도 할 것이다. 용서와 감사를 통해 연민(compassion)의 능력을 키워갈 것이다. 자신만의 연습방식을 개발하여, 지금까지 발전시켜 온 것들을 지속적인 변화로 자리 잡게 하는 것, 이옝가(B. K. S. Iyengar)의 표현으로는, 전환(transformation)에 도달할 수 있게 할 것이다.

회복탄력성과 성장

아동기 외상 경험의 여파로부터 살아남는 정도가 아니라 잘 살고 있는 사람들의 신념과 행동에 대한 연구들이 있다. 회복탄력성이라는 단어는 역경에 직면해서도 잘 적응한다는 것을 의미한다. 이는 고통을 경험하지 않는다는 의미가 아니다. 오히려 회복탄력성은 힘든 정서를 해결할 수 있는 충분한 역량의 산물이다. 역경으로 인해, 더욱 심층적인 자기 이해를 개발하게 된다. 회복탄력성은 한 개인이 갖고 있거나 결여되거나 하는 내적 특성이 아니고, 학습된 전략과 실천의 결과이다.

자기 수용을 키워가는 전략을 실천하고, 마음챙김을 배우며, 정서조절 능력을 증대시키고, 건강한 대인관계를 만들어 가는 것이다. 이 모든 기술은 회복탄력성과 성장을 가져온다. 회복탄력성 전문가 제인 맥고니갈(Jane McGonigal) 박사는 당신이 신체적, 정서적, 정신적,

> "변화가 유지되지 않으면 실망으로 이어진다. 전환이란 유지된 변화이고, 이는 연습을 통해 달성된다."
> —B. K. S. 이옝가(B. K. S. Iyengar), 요가 마스터

사회적, 영적으로 강화되는 활동을 발견함으로써 좀 더 강인해질 수 있다고 하였다. 각각의 행동의 단계들은 미미하게 보일지라도, 그 총합은 당신을 강하고, 용기 있고, 유능하게 한다.

회복탄력성의 세 가지 중요한 측면을 살펴보자.

- **사회적 연결**: 회복탄력성은 당신이 힘든 사건들을 해결하는 과정에 다른 사람으로부터 지지를 동원할 수 있는 능력이다. 종종 심리치료의 형태로 받을 수 있다. 그러나 회복탄력성이 있는 사람들은 또한 적극적으로 자신의 사회적 관계를 구축하고, 고립되어 있기보다는 공동체에 참여한다.
- **선택과 통제**: 아동기 외상 경험으로 인해 당신이 선택과 통제가 가능하다는 생각을 못 할 수 있다. 과거에 당신에게 일어난 일에 대해 당신은 선택이 없었다. 회복탄력성이란 이제 노력하기에 따라서는 당신 자신이 현재의 삶에 영향을 미칠 수 있다는 것을 이해하는 것이다. 지금 당신의 삶에서 통제할 수 있는 사안들에 초점을 두어야 한다.
- **성장 지향**: 회복탄력성이 있는 사람들은 성장과 지혜는 긍정과 부정적인 삶의 경험 모두로부터 올 수 있다고 믿는다. 그런 사람들은 인생에는 늘 새로운 학습의 기회가 있다는 것을 안다.

과거의 외상 경험은 인생에 대한 고유한 관점을 갖게 한다. 당신의 힘든 경험들은 다른 사람에게 다가가고, 힘든 상황에서 도움을 청하고 받아들이는 일을 좀 더 쉽게 할 수 있게 한다. 외상 경험은 사람들로 하여금 인간에 대한 깊은 연민과 다른 사람을 돕고 싶은 마음을 갖게 하고, 사회적 부정의가 있을 때 대항하게 한다. 회복탄력성은 시간이 감에 따라 당신이 점차 과거에 의해 규정되지 않고 당신만의 고유한 재능과 힘을 이 세상에 제공할 수 있게 할 것이다.

> 당신의 뿌리에 관심을 갖긴 하되, 지금 어떤 씨앗을 심을 것인지에 대한 선택 또한 있음을 기억하라.

당신의 회복탄력성에 대해 탐색해 보라.

어떤 방식으로 당신의 사회적 관계들을 적극적으로 만들어 갈 수 있는가? 전화를
하고 적극적으로 사람들에게 다가가는가? 지역사회 행사에 참석하는가? 다른 사람들
과의 관계를 강화하기 위해 어떤 일을 할 수 있는가?

_____

_____

삶의 어떤 영역에서 지금 선택이 있다고 느끼는가? 운동을 한다면, 걷는 것, 헬스장
에 가는 것, 요가 수업에 가는 것 중 어떤 것을 더 좋아하는가? 시간이 있을 때, 친구
에게 전화하는 것, 좋아하는 책을 읽는 것, 일기를 쓰는 것 중 어떤 것을 하는 것이 좋
은가? 어떤 선택들이 지금 당신의 삶을 지지해 주는가?

_____

_____

과거의 외상 경험으로 인해 당신은 어떤 모습이 되었는가? 삶에서 힘든 사건들이
어떻게 당신을 강하게 했는가? 당신의 고유한 삶의 경험으로 자신과 세상에 대한 당
신의 이해가 어떻게 바뀌었나?

_____

_____

창의적인 예술 활동

창의성은 그림이든, 춤이든, 음악이든, 그 외에 어떠한 것이든 취약한 정서를 다루는 또 다른 방법이며, 회복탄력성을 개발하게 한다. 어떤 형태의 예술이든 관념적 사고를 넘어서는 곳에 도달하게 한다. 그림은 말로 형용하기 어려운 기억에 색깔과 모양을 입히게 해 준다. 아름다운 음악을 듣는 것은 가슴속의 아픈 부분에 영감을 주고 깨우게 하기도 한다. 시는 일상적 단어들이 아닌 언어로 표현할 목소리를 주기도 한다. 조이 아르호(Joy Harjo)라는 시인은 "내가 공황과 사랑 간의 문턱에 서 있을 때 시적 영혼이 찾아와 나를 발견하였다."라고 썼다.

예술은 외상의 치유 과정에 나타나는 강렬한 정서들로부터 쉼을 얻게 하는 피난처이기도 하다. 예로, 창의적 활동은 당신을 긍정적인 삶의 경험으로 이끌어, 과거 외상에 덜 몰두하게 한다. 힘든 과거로 한정되지 않는 새로운 정체성과 희열을 경험하게도 한다. 창의적 표현

> "우리는 안전을 향해 돌아갈지 성장을 향해 앞으로 나아갈지 선택할 수 있다. 성장을 계속 선택하고, 두려움은 계속 극복해야 한다."
> –에이브러햄 매슬로(Abraham Maslow), 심리학자

이 스트레스를 완화시키고, 자존감을 향상시키며, 신체건강을 강화시킨다는 것은 이미 입증되어 왔다.

마지막으로, 예술은 다른 사람과 연결되는 기회를 제공한다. 훌륭한 공연 후에 기립박수를 보내는 청중과 같이, 예술을 통해 다른 사람들과 연결되는 경험은 강렬한 감동을 준다. 예술은 우리 몸, 마음, 영혼을 연결시켜 준다. 한 예로, 합창을 할 때 노래하는 사람들의 심장박동이 실제 느려지고 다른 사람들과 함께하는 리듬에 맞추게 된다. 많은 문화에서 애도와 상실을 다루는 방식으로 북을 치고, 노래하고 춤을 추는 공동체 의식에 참여한다. 집단상황 안에서 예술을 통해 당신이 홀로 있지 않다는 것, 모든 사람이 상실과 아픔을 느낀다는 것을 기억하게 함으로써 외상을 치유하게 한다. 중요한 것은, 가장 진솔하고 치료적인 경험을 하기 위해서는 남

들이 어떻게 생각할까가 아니라 당신에게 가장 잘 맞는 창의적인 예술 활동을 하는 것이다. 중요한 것은 성과물이 아니라 과정이다.

개인 연습

집중하여 예술에 대한 당신의 생각을 탐색해 보라. 당신은 어떤 방식으로 창의성을 표현하는가? 어떤 형태의 예술이 당신에게 영감을 주는가? 지금 당신의 창의성을 경험하고자 한다면 무엇을 할 것인가? 몇 가지 아이디어가 필요한가? 시를 쓰거나 읽어 보라. 당신의 마음을 열어줄 음악을 선택해 보라. 음악을 틀어 놓고 거실에서 춤을 춰 보라. 당신이 마음껏 창의적일 수 있도록 마지막으로 허용한 때는 언제였는가?

_____

_____

_____

_____

고통과 연민

깊은 슬픔과 상심에 빠져서 부처님을 방문한 여인에 관한 이야기가 있다. 왜 그녀가 그런 고난과 상실을 경험해야 하는지 물었다. 부처님은 그녀에게 마을에서 어떤 상실의 경험이 없거나 눈물을 흘린 적이 없는 집에서 쌀 한 톨씩 얻어 오라고 하였다. 그녀는 집집마다 찾아갔는데, 한 주 후에 빈 밥그릇을 가지고 돌아왔다. 그녀만의 문제가 아니라는 것을 깨닫고, 그녀는 크게 변화하게 되었다. 그녀를 고립되게 하고 절망하게 했던 고통이 이제 연민과 연결됨의 통로가 된 것이다.

그녀만이 슬픔 속에 있는 것이 아님을 깨달은 것처럼, 당신의 고통이 개인적 전환의 토대가 될 수 있다. 신경심리학자이자 명상지도자인 릭 핸슨(Rick Henson) 박사에 의하면, 연민은 당신까지 포함하여 모든 사람의 고통에 대한 진심 어린 관심이다. 공감은 다른 사람의 경험을 상상하고 느껴 보는 것이며, 연민의 기초가 된다. 연민을 만들어 가는 두 가지 전략은 용서와 감사이다.

용서

연민은 용서를 실천함으로써 개발할 수 있다. 원망은 마음을 무겁게 할 뿐 아니라 건강에도 부담을 준다. 만성적인 분노는 투쟁-도피 모드에 잡혀 있게 하고, 심장질환이나 당뇨의 위험을 증가시킨다. 존스 홉킨스 대학병원의 연구에 따르면 용서를 실천하면 심장마비의 위험을 낮추고, 콜레스테롤 수치를 개선하며, 수면을 개선하고, 통증을 완화시키고, 불안과 우울 증상을 낮춘다. 용서는 상대방이 용서받을 자격이 있는지와 무관하게, 자신의 부정적 정서를 내려놓게 한다.

> "창작의 행위는 인간의 시련으로부터 일어난 것이다."
> —롤로 메이(Rollo May) 박사, 심리학자 및 저술가

용서는 강요된 과정이 아니라 선택이다. 용서는 당신 자신과 상대방의 위험한 행위에 대해 깊이 생각하게 한다. 당신이 먼저 스스로 위험을 가한 행위들에 대해 용서함으로써 시작한다. 다른 사람이 가한 '위험한 행위'들을 생각하게 될 때, 다른 사람을 상처받게 하는 사람들은 그들도 한때 상처받았고 두려웠고 고통 중에 있던 사람들이라는 것을 깨닫게 될 것이다. 또한 다른 사람들이 가한 위험한 행위들은 당신의 가치와는 무관한 것임을 인식하기 시작할 것이다. 누구도 완벽하지 못하다는 것을 깨닫게 될 것이다.

개인 연습

당신이 힘들어하고 있는 상황에 대해 편지를 써 보라. 당신에게 쓰든 다른 사람에게 쓰든 상황과 상처에 대해 잠시 생각해 보라. 어떤 생각이 떠오르는가? 어떤 감정을 느끼는가? 용서할 준비가 되었는지 자문해 보라. '네'라는 답이면, 용서하겠다는 결정 뒤에 있는 이유와 용서를 표현하라. 이 연습이 힘들다면, 당신의 아픔을 치유하는 데 어떤 도움이 필요한가? 편지를 다른 사람에게 보내려고 썼다면, 당신은 그 편지를 부치든지, 서랍에 넣든지 선택할 수 있다. 어떤 선택을 하든, 당신이 용서를 배우는 과정에서 이 연습은 당신 자신과 당신의 치유를 위한 것이다.

_____

_____

_____

_____

🌱 감사

당신이 힘든 삶의 경험이나 아픈 감정들에서 벗어날 수는 없어도, 감사에 집중하기 위해 잠시 시간을 낼 수는 있을 것이다. 감사와 스트레스를 동시에 경험하는 것은 힘들다. 투쟁과 도피의 심리 상태는 감사를 경험할 수 있는 잠잠히 생각할 공간을 갖기 힘들게 한다. 그러나 감사에 마음을 집중하면 스트레스 반응에서 벗어날 수 있게 되고, 기쁨과 낙관, 행복 등의 긍정적인 정서를 만들어 갈 수 있다. 규칙적으로 감사를 실천하면 면역체계가 강화되고 혈압이 내려간다. 감사를 실천하는 목적을 행복한 정서를 만들기 위한 것이고, 진정 그런 느낌이 없는데 강제로 하는 것은 아니다. 캘리포니아 대학, 버클리 캠퍼스의 위대한 선 과학센터

> 용서는, 상대방이 용서받을 가치가 있든 없든 상관없이, 당신 자신의 부정적인 감정들을 떨쳐 버리는 것이다.

(Greater Good Science Center: GGSC) 연구에서는 삶에서 긍정적인 측면을 매일 기록하는 '세 가지 좋은 일' 연습을 제안하였다. 첫째, 매일 저녁, 그날 좋았던 일 세 가지에 대해 그 일들이 어떤 느낌을 갖게 했는지 상세히 기록하는 것이다. 두 번째 연습은 보이는 것, 듣는 것, 냄새 등을 면밀히 경험하면서 거니는 '음미하는 산책'을 하는 것이다. 매번 긍정적인 경험을 할 때, 정말로 느끼고, 그때의 감각과 정서를 흡수하는 시간을 갖는 것이다.

개인 연습

세 단계로 된 감사연습을 시도해 보라.

조용히 앉아서 생각을 할 수 있는 장소를 마련한다. 편한 대로, 손을 가슴 위에 얹고 깊은 숨을 들이쉬라. 마음을 잠잠하게 하고 쉼의 경험을 즐겨 보라. 다음 몇 분 동안 당신 삶 속의 사람들, 경험들, 소유하는 것에 대한 감사에 초점을 두어 보라.

- **1단계**는 당신을 위한 것이다. 당신에 대한 감사함을 느끼며 몇 차례 호흡을 시작한다. 이 연습을 위해 시간과 장소를 마련한 당신에게 감사한다. 이 긍정적 정서를 당신의 한 부분에 대한 감사로 확장해 보라. 예를 들면, 세상을 돌아다닐 수 있게 하는 다리에게, 당신의 미소에, 당신이 다른 사람에게 보인 연민의 행동에 대해 감사하는 것이다.

- **2단계**는 당신 삶에 있는 누군가를 위한 것이다. 당신에게 친절했던 어떤 사람(들)에게 마음을 집중하며 가슴 깊이 호흡을 들이마시라. 당신을 보살폈던 친척이나 도움을 주었던 이웃 사람이나, 아무런 이유 없이 당신에게 친절을 베풀었던 낯선 사람을 생각할 수 있다. 당신 삶에 도움을 주었던 사람들에게 감사하며 심호흡을 하라.

- **3단계**는 주변 환경에 대한 것이다. 당신의 환경 중에서 감사한 한 가지에 마음을 집중한다. 당신이 살고 있는 집에 감사한 느낌에 집중할 수 있겠고, 일몰의 아름다움이나 그늘을 만들어 주는 나무나, 우리를 담고 있는 지구와 같이 자연의 세계 안에 있는 어떠한 것에도 집중할 수 있다.

앞의 세 단계를 당신이 원하는 만큼 반복하면서 충분한 시간을 가지라. 다 끝났을 때, 현실로 돌아오기 전에 잠시 본인의 감정상태를 살펴보라. 아마 따뜻하고 긍정적인 느낌일지 모른다. 그러나 당신이 감사의 느낌을 경험하지 못했다고 해서 이 연습에 실패한 것은 아님을 아는 것도 중요하다. 당신의 어떤 감정도 수용할 여유를 가지라. 진솔한 경험에 집중하는 것이 이 연습에서 가장 중요한 부분이다.

개별화된 연습

연구들에 따르면 건강한 습관을 위해서는 반복적인 실천이 필요하다고 한다. 새로운 일상으로 만들려면 적어도, 일 년까지는 아닐지라도, 몇 달간 원하는 목표에 도달할 때까지 정기적인 노력이 필요하다. 당신이 앞으로 여러 달 동안 이 책에 있는 마음챙김 연습과 자원들을 지속적으로 실천하기를 바란다. 당신 자신의 돌봄을 위한 개별화된 연습을 마련하는 것은 유익한 일이다. 예를 들면, 일기를 쓰고, 요가를 하고, 운동을 하는 시간을 별도로 마련하는 것 등이 도움이 될 것이다. 또 집에서 혼자 하는 것을 더 좋아하는지, 다른 사람들과 함께 수강하면서 하는 것이 더 좋을지도 판단해 본다. 자신을 돌보는 시간을 내기가 힘들다면, 하루에 5분, 10분 조금씩 시작해 본다. 조금씩일지라도 도움이 된다. 일단 일정이 즐거워지면, 그 연습 시간을 점점 늘려가고 싶을 것이다.

개인 연습

삶에서 자기 돌봄을 어떻게 실천할 것인가 생각해 보라. 하루 중 어떤 시간이 자기 돌봄 실천에 가장 좋을까? 혼자 하는 것을 좋아할까? 남들과 함께 하는 것을 좋아할까? 당신의 자기 돌봄 실천을 위해 필요한 자원은 어떤 것이 있는가?

_____

_____

_____

_____

🌱 자원 검토하기

　우울하거나 불안할 때, 당신을 진정시켜 주는 긍정적인 행동들을 기억하기는 어려운 일이다. 그러나 그 힘든 시점이 도움 자원을 가장 필요로 할 때이다. 다음의 리스트는 이 책에서 다룬 모든 자원을 한곳에 모아 둔 것이다. 다른 긍정적인 생각이나 이미지, 행동들을 이 리스트에 추가하여 당신에게 맞게 개별화를 해 보라. 예를 들면, 하이킹을 가거나 바닷가에서 시간을 갖는 것, 영화를 보는 것, 목욕을 하는 것 등을 당신이 좋아할지도 모른다. 언제든 필요할 때 볼 수 있도록 복사본을 여럿 만들어 지갑 안에, 냉장고 문에 붙여 두는 것도 좋다.

〈나의 자원〉

• 자신에 대한 부정적인 진술문을 긍정적인 것으로 대체한다.

• 사고의 오류를 반박하는 질문을 통해 논박해 본다(당신이 알고 있는 최악의 상황은 무엇인가?).

• 안전하고 평화로운 장소를 시각화해 본다.

• 마음을 집중해 몸을 검토해 보는데, 호기심과 자기 수용의 자세로 몸에서 느끼는 감각들에 주목한다.

• 의식적으로 네 번을 세며 호흡을 들이쉬고, 네 번을 세며 내쉰다.

• 평정심을 키우기 위해 은은한 미소를 짓는다.

- 더 이상 유용하지 않은 습관을 긍정적인 행동으로 대체한다.
- 집에 치유의 공간을 찾아보고, 마련하여, 그곳에서 시간을 보낸다.
- 정서적으로 압도되는 순간을 파악하고, 다섯 번씩 심호흡을 함으로써 속도를 줄인다.
- 바닥에 발을 딛고, 몸의 무게중심을 잡음으로써 안정을 찾는다.
- 보이는 것 다섯 가지, 들리는 것 네 가지, 만질 수 있는 것 세 가지, 냄새 맡을 수 있는 것 두 가지를 불러보고, 심호흡을 한 번 한다.
- 미주신경 자극을 실천한다(예: 콧노래, 발살바법, 잠수 반사 등).
- 고통스러운 감정을 '상상 속 컨테이너'에 담는다.
- 돌봐 주거나 보호해 주는 지원군들을 상상한다.
- 당신의 정서에 대해 긍정적인 메시지를 준다(예: "나의 감정이 바다의 파도와 같이 오고 가게 나는 할 수 있다.").
- "나는 슬프다." 대신 "나는 슬픔을 느낀다."로 바꾼다.
- 스스로에게 "반드시 …해야 한다."라고 말하는 것을 피한다.
- 괴롭히는 사람에게 대항하듯이, 수치심이나 내면의 비평가의 말을 반박한다.
- No라고 하거나 당신이 원하는 바를 표현함으로써 건강한 삶의 경계를 유지하도록 분명히 한다.
- 갈등 해결을 위해 건강한 의사소통을 한다(예: 사실적 묘사에 집중한다, 당신의 감정을 명확히 한다, 원하는 바를 표현한다, 다른 사람의 필요를 청취한다, 온정적으로 대한다 등).
- 당신 자신이 정서적으로 취약할 수 있는 상황에 노출되는 것을 허용한다.
- 친구에게 전화하거나 함께 모임을 가져서 다른 사람과의 연결을 위한 노력을 한다.
- 고통스러운 감각과 평온한 감각 간에 의식을 이동하게 한다.
- 애도를 위한 공간을 갖는다.
- 힘든 삶의 사건들을 기록한다.

- 당신 자신과 다른 사람들에게 용서의 편지를 쓴다.
- 감사의 마음을 기록한다(세 가지 좋은 일들).
- 기분 좋은 산책을 한다.
- 몸에서 긍정적인 감각에 집중하고, 그런 감각이 확장되도록 한다.
- 창의적인 활동을 한다(예: 그림 그리기, 음악 듣기, 시 쓰기 등).
- 명상, 요가, 기공, 태극권 등을 통해 마음챙김을 연습한다.

_____

_____

_____

_____

_____

_____

최종 정리

　지혜, 연민, 희망, 기쁨 등을 잘 가꾸어진 정원에 있는 꽃처럼 생각해 보자. 당신의 뿌리를 돌아보기도 하겠지만 지금 어떤 씨앗을 뿌릴지 선택할 수 있다는 것도 기억하라. 당신의 소중한 토지를 가꾸기 위해서 때때로 잡초를 뽑아야 한다. 무가치함, 무망감과 수치심의 잔재들을 버려야 한다. 그런 감정들을 퇴비장에 두어 당신의 슬픔이 그늘 속에서 자양분이 풍부한 토양으로 전환되도록 해야 한다. 그리고 사랑이 가득한 생각을 심고, 긍정의 씨앗을 뿌려라. 온유함의 씨앗이 자라도록 하라. 자기 돌봄으로 키워 보라. 당신 자신을 돌보다 보면, 평안이 자랄 것이다. 아름다운 모습으로 당신을 키워갈 것이다. 당신의 마음을 세상에 온전히, 거리낌 없이 여는 것이 꽃을 피우게 하는 것이다. 아픔과 가슴앓이를 경험할 수도 있지만 이 세상을 향해 당신의 마음을 열 용의가 있는가? 오늘은 아닐지도 모르지만, 괜찮다. 이 과정은 여정이다. 지속적으로 아름다운 당신의

"우리가 아는 가장 아름다운 사람들은 실패를 알고, 고통을 알고, 역경을 알고, 상실을 알고, 그런 경험의 심연으로부터 벗어나는 방법을 깨달은 사람들이다. 이들은 감사함과 감수성과, 그들의 삶을 연민과 온유와 애정어린 관심으로 채워주는 삶에 대한 이해를 갖고 있다. 아름다운 사람들은 우연히 태어난 것이 아니다."

—엘리자베스 퀴블러-로스(Elisabeth Kübler-Ross),
정신과 의사 및 작가

모습을 찾아가라. 자신에게 너그러워져라. 자기 이해와 치유로 돌아와야 한다면 다시 이 책으로 돌아오라. 이 세상의 많은 일이 그렇듯, 좋은 일은 전혀 기대하지 않았던 때 일어난다. 그리고 온전함을 향한 당신의 걸음걸음이 당신이 누릴 자격이 있는 그런 좋은 일들이 일어날 가능성을 키워 줄 것이다.

감정적 압도(emotional hijacking): 투쟁-도피 반응을 일으키는 공포나 분노와 같은 강렬한 감정으로 인해 상위 중추 뇌가 압도당하여 자신의 사고와 행동의 통제를 잃음.

객관화(depersonalization): 마치 자신의 것이 아닌 듯 자신의 감정이나 생각으로부터 분리하는 것.

고통정서(afflictive emotions): 신체적 피로감과 사고 왜곡을 유발하는 감정.

과각성 증상(high arousal symptoms): 때로는 과민증이라고도 하며, 이 증상은 불안, 과잉경계, 짜증, 공격성, 충동성 그리고 과장된 놀라움 반응으로 특징지어짐.

과잉경계(hypervigilance): 자신의 안전을 위해 주위 환경에 매우 민감하게 반응하거나 감시하는 것.

관계 외상(relational trauma): 한 사람이 다른 한 사람에게 상처를 주면서 관계에서의 안정감을 해치는 손상.

광장공포증(agoraphobia): 사람들이 붐비는 공간이나 공공장소에 대한 극도의 두려움.

내사(introject): 다른 사람의 특성, 태도 또는 사고를 자신의 마음으로 내재화한 것. 때로는 다른 사람에 대한 감정을 자기 자신의 마음인 것처럼 돌리기도 함.

둔감화(desensitization): 외상 사건과 관련된 신체적 고통, 정서적 고통을 감소시키기 위해 외상 사건의 세부적인 감각, 생각, 감정을 성찰하는 것.

미주신경(vagus nerve): 자율신경계 시스템(ANS) 조절의 중추적인 역할을 하는 뇌신경으로 소화기관, 심장, 폐, 목, 얼굴 근육과 연결되어 있음.

변증법(dialectic): 문답식으로 정반합의 단계를 거쳐 진리에 도달하는 방법, 선불교 수련의 핵심.

봉인하기(containment): 원치 않거나 고통스러운 생각, 감정 또는 기억을 담기 위해 가상 컨테이너를 사용하는 것과 관련된 외상 회복을 위한 자원.

비현실감(derealization): 삶이 초현실적인 것처럼 느껴지거나 꿈속에서 사는 것처럼 느껴짐.

수용(acceptance): 현실에 저항하거나 변화시키려 하기보다는 있는 그대로의 실재를 받아들임.

시퀀싱(sequencing, 순차적 몸 자각): 몸의 중심부에서 팔과 다리의 끝으로 긴장을 빠져나가게 하는 신체기반 심리학의 용어.

신체기반(somatic): 특히 정신과 구별되는 신체와 관련됨.

안정화 작업(grounding): 신경계를 진정시키기 위해 의식적으로 육체를 감지하고 땅에 발을 딛고 있듯이 현실적 방안을 모색하는 외상 후 회복을 위한 자원.

애착(attachment): 인생 초기 주 양육자와 유아 간에 발생하는 정서적 유대감으로, 성인기 이후 건강한 관계의 기초를 제공.

양극단의 감정에 대한 주의 이동(pendulation): 신체적으로 경험되는 안정감과 고통의 양극단의 감정에 대한 주의 이동.

연속체(continuum): 관련이 있지만 서로 약간 다른 경험의 범위로, 종종 양극단 사이에 존재.

온전한 자기 수용(radical self-acceptance): 현실에 맞서거나 불공평함을 한탄하기보다는 현실을 있는 그대로 받아들이는 것, 결점이나 나약함까지도 포함해서 자기 자신을 무조건적으로 사랑하는 상태를 묘사하는 데도 활용되는 용어.

이중 자각 상태(dual awareness state): 현재의 환경을 계속 인식하면서 동시에 이전의 과거 기억을 되살리는 행위.

일치성(coherence): 자신의 삶의 경험을 이해하는 데 도움이 되는 일관된 인생사가 존재하는 것.

자기 효능감(self-efficacy): 자신이 스스로 노력해서 원하는 결과를 낼 수 있고, 인생의 진로에 영향을 미칠 수 있다는 신념.

자아상태(ego states): 원하지 않거나 받아들일 수 없는 감정과 기억을 담아두기 위해 발달된 자아의 다른 부분들. 복합−PTSD의 관점에서 볼 때, 종종 외상적 기억과 관련된 초기 발달 단계를 반영하는 부분임.

자율신경계(autonomous nervous system): 심박수, 호흡, 소화 등 의식적으로 조절할 수 없는 신체 부위를 담당하는 신경계.

저각성 증상(low arousal symptoms): 때로는 각성 저하증이라고도 하는데, 이러한 증상은 우울증, 피로감, 무기력증, 절망감, 수치심 또는 자괴감 등의 증상으로 특징지어짐.

정서 감내의 범위(window of tolerance): 감정에 효율적으로 반응할 수 있는 최적의 신경 각성 영역.

정서 조절(emotion regulation): 강렬한 감정과 충동에 대한 효율적 반응. 조절은 반응을 덜하고자 자신의 생각, 신체 감각, 정서에 대해 의식적으로 자각을 증가시키는 것. 궁극적으로 자신을 위해 최선의 행동을 선택할 수 있는 능력을 동원하는 것.

정서 지능(emotional intelligence): 자기 자신과 주위 사람들의 감정을 민감하게 인식하고 반응하는 능력.

정서조절장애(emotional dysregulation): 감정 관리가 어렵고, 상황이나 사람에 대해 강하게 혹은 예측 불가능하게 반응하도록 함.

지혜로운 마음(wise mind): '합리적인 마음'인 생각과 '감정적인 마음'인 정서의 최적의 균형을 가리키는 인지행동치료 용어. 논리와 직관의 통합 상태.

평정심(equanimity): 균형을 유지하기 위해 감정의 평형을 유지하고, 불편한 경험을 인내하고, 상황을 큰 그림 속에서 조망할 수 있는 능력.

해리(dissociation): 일상생활에 관련된 자아의 일부와 두려움, 수치심 또는 분노 감정을 지닌 자아의 일부 사이에 분열을 일으키는 위협적인 경험으로부터 자신을 분리시키고자 하는 생물학적 보호기제.

회피(avoidance): 불편한 감각, 기억 또는 감정을 차단하거나 밀어내는 학습된 패턴. 종종 부정, 억압, 분리 또는 중독 행위와 같은 방어에 의해 유지됨.

자료목록

다음에 나오는 정보는 복합-PTSD로부터 치유과정에 도움이 되는 저서, 온라인 자료 등이다. 치유를 위한 자료들을 찾다 보면, 어떤 것들은 당신에게 반향을 일으킬 것이고, 어떤 것은 그렇지 않을 수도 있다는 것을 기억하라. 당신에게 지지가 되고 당신의 신념이나 가치와 일치하는 자료들을 선택하라. 온라인 자료나 블로그 등이 항상 잘 작동되는 것은 아니라는 점을 참고하라. 복합-PTSD의 고통스러운 특성으로 인해, 일부 사이트에는 필터링되지 않은 콘텐츠가 포함되어 당신의 과거의 경험을 촉발할 수도 있다. 어떤 자료에 언제, 어떻게 스스로 노출되게 할 것인지를 조심스럽게 선택하여 치유의 과정에 다시 정신적 외상 경험을 하지 않도록 당신의 치유의 속도를 조절하라. 마지막으로, 어떤 웹사이트는 검증되지 않은 의견이나, 부정확한 정보 또는 신뢰할 수 없는 정보원으로부터 나온 그릇된 조언을 제공할 수도 있다. 당신 스스로의 판단을 신뢰하라. 당신에게 옳지 않다는 느낌을 주면 당신의 치유 과정에 지지적이라고 느끼는 다른 자원쪽으로 눈을 돌려라.

서적

Brach, Tara. *Radical Acceptance: Embracing Your Life with the Heart of a Buddha*. New York: Bantam, 2004.

Brown, Brené. *Daring Greatly: How the Courage to Be Vulnerable Transforms the Way We Live, Love, Parent, and Lead*. New York: Avery, 2015.

Brown, Brené. *The Gift of Imperfection*. Center City, MN: Hazelden Publishing, 2010.

Covey, Stephen. *The 7 Habits of Highly Effective People: Powerful Lessons in Personal Change*. New York: Free Press, 2004.

Emerson, David, and Elizabeth Hopper. *Overcoming Trauma through Yoga: Reclaiming your Body*. Berkeley, CA: North Atlantic, 2012.

Goleman, Daniel. *Emotional Intelligence*. New York: Random House, 2006.

Hanson, Rick, and Richard Mendius. *Buddha's Brain: The Practical Neuroscience of Happiness, Love, & Wisdom*. Oakland, CA: New Harbinger, 2009.

Herman, Judith. *Trauma and Recovery: The Aftermath of Violence-from Domestic Abuse to Political Terror*. New York: Basic Books, 1992.

Kabat-Zinn, Jon. *Full Catastrophe Living*. New York: Bantam Books, 2009.

Kushner, Harold. *When Bad Things Happen to Good People*. Norwell, MA: Anchor Press, 2004.

Levine, P. *Healing Trauma: A Pioneering Program for Restoring the Wisdom of your Body*. Boulder, CO: Sounds True, 2008.

Maiberger, Barb. *EMDR Essentials: A Guide for Clients and Therapists*. New York: W. W. Norton & Co., 2009.

Mate, G. *When the Body Says No: Understanding the Stress-Disease Connection*. New York: Random House, 2011.

McGonigal, Jane. *Super Better: A Revolutionary Approach to Getting Stronger, Happier, Braver, and More Resilient*. New York: Penguin Press, 2015.

Miller, Alice. *The Drama of the Gifted Child: The Search for the True Self*. New York: Basic Books, 1997.

Pennebaker, James W., and John F. Evans. *Expressive Writing: Words that Heal*. Enumclaw, WA: Idyll Arbor, 2014.

Perry, Bruce, and Maia Szalavitz. *The Boy Who Was Raised as a Dog: And Other Stories from a Child Psychiatrist's Notebook*. New York: Basic Books, 2006.

Shapiro, Francine. *Getting Past Your Past: Take Control of Your Life with Self-Help Techniques from EMDR Therapy.* Emmaus, PA: Rodale, 2012.

Siegel, Daniel. *Mindsight: The New Science of Personal Transformation.* New York: Bantam, 2010.

van der Kolk, Bessel. *The Body Keeps the Score: Brain, Mind, and Body in the Healing of Trauma.* New York: Viking, 2014.

TED 강연

브레네 브라운(Brene Brown): 취약성의 힘

브레네 브라운(Brene Brown): 수치심에 대한 귀 기울이기

네이딘 버크 해리스(Nadine Burke Harris): 아동기 트라우마가 평생에 걸쳐 건강에 미치는 영향

제인 맥고니갈(Jane McGonigal): 인생 10년은 더 살 수 있는 게임

켈리 맥고니갈(Kelly McGonigal): 스트레스를 친구로 만드는 법

마틴 셀리그만(Martin Seligman): 긍정심리학의 새로운 시대를 말하다.

웹사이트 및 온라인 정보 제공

APA.org/topics/trauma: 미국심리학회의 생존자들과 그들의 사랑하는 사람들을 위한 리소스(자원)

Goodtherapy.org: 심리치료사 디렉토리 및 블로그(컴퓨터)

Griefshare.org: 지역사회 내의 상실지지 집단 디렉토리(컴퓨터)

Inspire.com: 온라인 지지 집단 및 토론 커뮤니티

NAMI.org: 국립 정신질환 연합회(NAMI) 웹 사이트, 종합 정보 및 추가 온라인 정보 제공

Ok2talk.org: 10대와 청장년들이 회복을 위한 시와 개인적인 이야기를 공유할 수 있는 온라인 커뮤니티

Psychcentral.com: 관련 기사 및 온라인 커뮤니티 포럼

Psychologytoday.com: 관련 기사 및 심리치료사 디렉토리(컴퓨터)

Self-injury.net: 회복 및 온라인 포럼에 대한 정보

Traumasurvivorsnetwork.org: 생존자와 그들의 사랑하는 사람들을 위한 온라인 지원 정보 웹사이트

국내 직통 핫라인

아동학대신고: 112

학교폭력신고센터: 117

여성긴급전화(성폭력, 성매매 등 위기여성 지원): 1366

자살예방상담전화: 1393

청소년전화: 1388

정신건강상담전화: 1577-0199

한국생명의 전화: 1588-9191

국내 번역 서적

제효영 역(2020). 몸은 기억한다: 트라우마가 남긴 흔적들(Bessel van der Kolk 저). 서울: 을유문화사.

Bessel van der Kolk (2014). *The Body keeps the score*. Penguin Books.

김명권, 주혜명, 신차선, 유나래, 이승화 공역(2019). 트라우마와 몸: 감각운동 심리치료의 이론과 실제(Pat Ogden, Kekuni Minton, Clare Pain 공저). 서울: 학지사.

Pat Ogden, Kekuni Minton, Clare Pain (2006). *Trauma and the Body: A Sensorimotor Approach to Psychotherapy Norton Series on Interpersonal Neurobiology*. W. W. Norton & Company.

김준기, 배재현 공역(2018). 복합 트라우마와 해리에 대한 이해: EMDR과 자아상태 치료를 활용한 접근법(Sandra Paulsen 저). 서울: 마음과 마음.

Sandra Paulsen (2009). *Looking Through The Eyes of Trauma and Dissociation: An illustrated guide for EMDR therapists and clients*. BookSurge Publishing.

정성훈, 정운선 공역(2011). 마음을 다친 아동 · 청소년을 위한 핸드북: 정신적 외상을 입은 아동과 청소년을 위한 지침서(Ricky Greenwald 저). 서울: 학지사.

Ricky Greenwald (2005). *Child Trauma Handbook A Guide for Helping Trauma-Exposed Children and Adolescents*. Haworth Maltreatment and Trauma Press.

권정혜, 김정범, 조용래 공역(2010). 트라우마의 치유(Jon G. Allen 저). 서울: 학지사.

Jon G. Allen (2004). *Coping with Trauma Hope Through Understanding*. American Psychiatric Association Publishing.

서주희 역(2014). 몸과 마음을 잇는 트라우마 치유 몸을 통해 마음의 힘을 회복하는 12단계 트라우마 치유 프로그램(Peter A. Levine 저). 서울: 학지사.

Peter A. Levine (2008). *Healing Trauma A Pioneering Program for Restoring the Wisdom of Your Body*. Sounds True.

조옥경, 왕인순 공역(2018). 트라우마 치유 요가 몸의 감각으로 심리적 외상 치유하기(David Emerson 저). 서울: 김영사.

David Emerson (2015). *Trauma-Sensitive Yoga in Therapy Bringing the Body Into Treatment*. W. W. Norton & Company.

참고문헌

Allen, J. G. "Challenges in Treating Post-Traumatic Stress Disorder and Attachment Trauma." *Current Women's Health Reports* 3, no. 3 (June 2003): 213-20.

Brach, T. *Radical Acceptance: Embracing Your Life with the Heart of a Buddha.* New York: Bantam, 2004.

Burke, N. J., J. L. Hellman, B. G. Scott, C. F. Weems, and V. G. Carrion. "The Impact of Adverse Childhood Experiences On an Urban Pediatric Population." *Child Abuse and Neglect* 35, no. 6 (2001): 408-13.

Courtois, Christine, and Julian Ford. *Treating Complex Traumatic Stress Disorders (Adults): Scientific Foundations and Therapeutic Models.* New York: Guilford, 2013.

Cromer, L. D., J. M. Smyth. "Making Meaning of Trauma: Trauma Exposure Doesn't Tell the Whole Story." *Journal of Contemporary Psychotherapy* 40, no. 2 (2010): 65-72.

Damasio, A. R. *The Feeling of What Happens: Body and Emotion in the Making of Consciousness.* New York: Harcourt, 2000.

Emerson, D., and E. Hopper. *Overcoming Trauma through Yoga: Reclaiming Your Body.* Berkeley, CA: North Atlantic, 2012.

Felitti, V. J., R. F. Anda, Dale Nordenberg, David Williamson, Alison Spitz, Valerie Edwards, Mary Koss, et al. "Relationship of Childhood Abuse and Household Dysfunction to Many of the Leading Causes of Death in Adults." *American Journal of Preventive Medicine* 14 (1998): 245-58.

Fonagy, P., Gyorgy Gergely, Elliot Jurist, and Mary Target. *Affect Regulation, Mentalization, and the Development of the Self*, New York: Other Press, 2002.

Frankl, V. *Man's Search for Meaning.* New York: Washington Square Press, 1963. Gendlin, E. *Focusing.* New York: Bantam Books, 1982.

Groves, D. A., and V. J. Brown. "Vagal Nerve Stimulation: A Review of Its Applications and Potential

Mechanisms that Mediate Its Clinical Effects." *Neuroscience Behavioral Review* 29, no. 3 (2005): 493–500.

Halifax, J. *The Fruitful Darkness: Reconnecting with the Body of the Earth.* New York: HarperCollins, 1993.

Hanson, R., and R. Mendius. *Buddha's Brain: The Practical Neuroscience of Happiness, Love, & Wisdom.* Oakland, CA: New Harbinger, 2009.

Harjo, J. *Crazy Brave: A Memoir.* New York: W. W. Norton & Co., 2013.

Heller, Rachael F., and Richard F. Heller. *Healthy Selfishness: Getting the Life your Deserve Without the Guilt.* New York: Meredith Books, 2006.

Herman, J. *Trauma and Recovery: The Aftermath of Violence-from Domestic Abuse to Political Terror.* New York: Basic Books, 1992.

Kabat-Zinn, Jon. *Full Catastrophe Living.* New York: Bantam Books, 2009.

Kessler, R. C., A. Sonnega, E. Bromet, M. Hughes, and C. B. Nelson. "Posttraumatic Stress Disorder in the National Comorbidity Survey." *Archives of General Psychiatry* 52, no. 12 (1995): 1048–60.

Knipe, J. *EMDR Toolbox: Theory and Treatment of Complex PTSD and Dissociation.* New York: Springer, 2014.

Korn, D. L. "EMDR and the Treatment of Complex PTSD: A Review." *Journal of EMDR Practice and Research* 3, no. 4 (2009): 264–78.

Kushner, H. *When Bad Things Happen to Good People.* Norwell, MA: Anchor Press, 2004.

Lally, P., Cornelia H. M. van Jaarsveld, Henry W. W. Potts, and Jane Wardle. "How Are Habits Formed: Modelling Habit Formation In the Real World." *European Journal of Social Psychology* 40, no. 6 (2010): 998–1009.

LeDoux, J. *Emotional Brain.* New York: Simon & Schuster, 1998.

Levine, P. *Healing Trauma: A Pioneering Program for Restoring the Wisdom of Your Body.* Boulder, CO: Sounds True, 2008.

Levine, P. *In an Unspoken Voice: How the Body Releases Trauma and Restores Goodness.* Berkeley: North Atlantic, 2010.

Levine, P. *Waking the Tiger: Healing Trauma: The Innate Capacity to Transform Overwhelming Experiences.* Berkeley: North Atlantic Books, 1997.

Linehan, M. M. *Skills Training Manual for Treating Borderline Personality Disorder.* New York: Guilford

Press, 1993.

Luthar, S. S. *Resilience and Vulnerability.* Cambridge, UK: Cambridge Press, 2003.

Maddi, S. R. *Hardiness: Turning Stressful Circumstances into Resilient Growth.* New York: Springer, 2012.

Maiberger, B. *EMDR Essentials: A Guide for Clients and Therapists.* New York: W. W. Norton & Co., 2009.

Mate, G. *When the Body Says No: Understanding the Stress-Disease Connection.* New York: Random House, 2011.

McGonigal, J. *SuperBetter: A Revolutionary Approach to Getting Stronger, Happier, Braver, and More Resilient.* New York: Penguin Press, 2015.

Miller, A. *The Drama of the Gifted Child: The Search for the True Self.* New York: Basic Books, 1997.

Mugerwa, S., and J. D. Holden. "Writing Therapy: A New Tool for General Practice?" *British Journal of General Practice* 62, no. 605 (2012): 661–63.

Nugent. N. R., Ananda B. Amstadter, and Karestan C. Koenen. "Genetics of Post-Traumatic Stress Disorder: Informing Clinical Conceptualizations and Promoting Future Research." *American Journal of Medical Genetics* 148C, no. 2 (2008): 127–32.

Ogden, P., Kekuni Minton, and Clare Pain. *Trauma and the Body: A Sensorimotor Approach to Psychotherapy.* New York: W. W. Norton & Co., 2006.

Oliver, M. *Red Bird: Poems.* Boston: Beacon Press, 2009.

Pennebaker J. W. "Writing About Emotional Experiences as a Therapeutic Process." *Psychological Science* 18, no. 3 (1997): 162–66.

Perry, B., and M. Szalavitz. *The Boy Who Was Raised as a Dog: And Other Stories from a Child Psychiatrist's Notebook.* New York: Basic Books, 2006.

Pert, C. *Molecules of Emotion: The Science Behind Mind-Body Medicine.* New York: Scribner, 1997.

Rogers, C. A Way of Being. New York: Mariner, 1995.

Rothschild, B. *The Body Remembers: The Psychophysiology of Trauma and Trauma Treatment.* New York: W. W. Norton & Co., 2000.

Scaer, R. *The Trauma Spectrum: Hidden Wounds and Human Resiliency.* New York: W. W. Norton & Co., 2005.

Seligman, M. E. *Helplessness: On Depression, Development, and Death.* San Francisco: W. H. Freeman, 1992.

Shapiro, F. *Getting Past Your Past: Take Control of Your Life with Self-Help Techniques from EMDR*

Therapy. Emmaus, PA: Rodale, 2012.

Shapiro, F. *Eye Movement Desensitization and Reprocessing: Basic Principles, Protocols and Procedures*. 2nd ed. New York: The Guilford Press, 2001.

Siegel, D. J. *The Developing Mind: How Relationships and the Brain Interact to Shape Who We Are*. New York: Guilford Press, 1999.

Siegel, D. *Mindsight: The New Science of Personal Transformation*. New York: Bantam Books, 2010.

Stellar, J. E., N. John-Henderson, C. L. Anderson, A. M. Gordon, G. D. McNeil, and D. Keltner. "Positive Affect and Markers of Inflammation: Discrete Positive Emotions Predict Lower Levels of Inflammatory Cytokines. *Emotion*, 15, no. 2 (2015): 129-33.

Stuckey, H. L., and J. Nobel. "The Connection Between Art, Healing, and Public Health: A Review of Current Literature." *American Journal of Public Health*, 100, no. 2 (2010): 254-63.

Substance Abuse and Mental Health Services Administration. *Trauma-Informed Care in Behavioral Health Services*. Treatment Improvement Protocol (TIP) Series 57. HHS Publication No. (SMA) 13-4801. Rockville, MD: Substance Abuse and Mental Health Services, Administration, 2014.

Toussaint, L. L., Everett L. Worthington, and David R. Williams, eds. *Forgiveness and Health: Scientific Evidence and Theories Relating Forgiveness to Better Health*. New York: Springer, 2015.

Updegraff, J. A., Roxane Silver, and E. Alision Holman. "Searching For and Finding Meaning in Collective Trauma: Results from A National Longitudinal Study of the 9/11 Terrorist Attacks. *Journal of Personality and Social Psychology* 95, no. 3 (2008): 709-22.

van der Hart, O., Ellert R. S. Nijenhuis, and Kathy Steele. *The Haunted Self: Structural Dissociation and the Treatment of Chronic Traumatization*. New York: Norton, 2006.

van der Kolk, B. A., L. Stone, J. West, A. Rhodes, D. Emerson, M. Suvak, and J. Spinazzola. "Yoga as an Adjunctive Treatment for Posttraumatic Stress Disorder." *Journal of Clinical Psychiatry* 75, no. 6 (2014): e559-e565.

van der Kolk, B. *The Body Keeps the Score: Brain, Mind, and Body in the Healing of Trauma*. New York: Viking, 2014.

Williamson, M. *A Return To Love: Reflections on the Principles of A Course in Miracles*. New York: Harper One, 1996.

Yehuda, R. "Neuroendocrine Alterations in Post-Traumatic Stress Disorder." *Primary Psychiatry* 9 (2002): 30-34.

찾아보기

인명

Ainsworth, M. 24

Beck, A. 44
Bowlby, J. 24
Brach, T. 85
Brown, B. 145

Covey, S. R. 104

Duke, M. 130

Einstein, A. 83
Emerson, R. W. 167

Frankl, V. E. 149

Gendlin, E. 153
Goleman, D. 117

Halifax, J. 143

Harjo, J. 171
Hayes, S. 68
Henson, R. 173
Herman, J. 73

Iyengar, B. K. S. 168

Kabat-Zinn, J. 64
Kübler-Ross, E. 149, 180
Kushner, H. 146

Levine, P. 55
Lewis, C. S. 98

Maslow, A. 171
May, R. 173
McGonigal, J. 168
Miller, A. 133

Ogden, P. 55

Pennebaker, J. 134
Perls, F. 89
Permanente, K. 38
Porges, S. 62

Rogers, C. 84, 94

Schwartz, R. 57
Segal, Z. 64
Seligman, M. 142
Shakespeare, W. 106
Shapiro, F. 52, 93
Siegel, D. 119, 125, 130

van der Kolk, B. 125, 140

Williamson, M. 163
Winnicott, D. W. 81

Yehuda, R. 130

내용

저자 소개

아리엘 슈워츠 박사(Arielle Schwartz, PhD)는 임상심리학자이며, EMDR 치료 지도자이자 요가 강사이기도 하며, 콜로라도주 볼더시에서 개인상담실을 운영하고 있다. 나로파 대학교에서 신체심리학으로 석사를 받았고, 필딩 대학원대학교에서 임상심리로 박사를 취득하였다. 슈워츠 박사의 강점기반 심리치료는 회복탄력성에 기반한 심리치료로 불리는데, 이는 치유 과정에 심-신 접근을 통합한 것이다. 그녀는 마이버거 연구소에서 치료사들에게 EMDR과 신체심리학 트레이닝을 강의하고 있다. PTSD, 상실과 애도, 아동발달에서 회복탄력성, 치료적 요가, 만성 통증과 질환의 치유 등이 그녀의 전문 영역이다. 그녀는 모든 사람은 지식으로 역량강화된다는 신념으로 지역사회에서 강의나 소셜 미디어, 블로그 등을 통해 정신건강과 건강에 대한 교육에 헌신하고 있다.

서문 저자 소개

짐 나이프 박사(Jim Knipe, PhD)는 1976년부터 콜로라도에서 개인상담실을 운영해 온 심리학자이며, 1992년부터 EMDR을 활용한 치료를 해 왔고, 다수의 국내 및 국제학회에서 기조연설자로 발표해 왔다. 그는 복합-PTSD의 치유에 대한 탁월한 전문성과 애정 어린 접근으로 널리 알려졌다.

역자 소개

김현아(Kim Hyun-Ah)

현재 서울사이버대학교 상담심리학과 교수. 한국상담심리학회 상담심리사 1급 및 한국상담학회 수련감독자로서 경북대학교에서 상담심리 전공으로 석사, 박사를 취득하였고, 수년 동안 통일부 하나원에서 심리상담사로, 통일부 및 남북하나재단, 이주배경청소년지원재단의 심리자문가로 트라우마와 회복탄력성에 관한 연구자 및 저자로 활동하고 있다. 주요 관련 저서로는 『상담철학과 윤리』, 『성격의 이해와 상담』, 『이주 난민의 정신 건강과 상담』이 있고, 역서로는 『트라우마 회복탄력성과 상담실제』가 있다.

김연희(Kim Yeun-Hee)

현재 대구대학교 사회복지학과 교수. UCLA에서 사회복지학 석사, 서울대학교에서 사회복지 전공으로 박사를 취득하였고, 수년 동안 미국 캘리포니아에서 임상 사회복지사로서 동남아 난민들의 정신건강 문제, 특히 PTSD 치료 분야에서 일하였으며, 북한이탈주민의 심리사회적 적응문제에 관한 연구자, 자문, 저자로 활동하고 있다. 주요 관련 저서로는 『통일실험, 그 7년: 북한이탈주민의 남한살이 패널연구』, 『북한이탈주민 사회복지실습』, 『새터민을 위한 정신건강증진 프로그램 가이드북』이 있고, 역서로는 『가족치료이론과 실제』가 있다.

최은실(Choi Eun-Sil)

현재 가톨릭대학교 심리학과 교수. 한국발달심리학회 발달심리사 1급 및 수련감독자, 한국발달지원학회 놀이심리상담사 1급 및 수련감독자, 정신보건임상심리사로서 이화여자대학교에서 발달심리 전공으로 석사, 박사를 취득하였고, 서울시아동청소년정신건강시설 송파아이존, 동작아이존, 푸른존에서 아동청소년 치료 분야 일을 하였고, 아동보호전문기관의 심리자문위원으로 트라우마와 회복탄력성에 관한 연구자, 자문가로 활동하고 있다. 주요 관련 역서로는 『발달정신병리학』, 『발달정신병리 사례집』, 『성인 및 노인심리학』, 『놀이치료 1: 이론과 기법편』, 『놀이치료 2: 임상적 적용편』이 있다.

복합-PTSD 워크북

정서적 통제와 온전함을 회복하기 위한 자기치유 심신접근법

The Complex PTSD Workbook:

A Mind-Body Approach to Regaining Emotional
Control and Becoming Whole

2021년 1월 20일 1판 1쇄 인쇄
2021년 1월 25일 1판 1쇄 발행

지은이 • Arielle Schwartz · Jim Knipe
옮긴이 • 김현아 · 김연희 · 최은실
펴낸이 • 김진환
펴낸곳 • ㈜학지사

04031 서울특별시 마포구 양화로 15길 20 마인드월드빌딩
대표전화 • 02-330-5114   팩스 • 02-324-2345
등록번호 • 제313-2006-000265호

홈페이지 • http://www.hakjisa.co.kr
페이스북 • https://www.facebook.com/hakjisa

ISBN 978-89-997-2251-6 93180

정가 17,000원

출판 · 교육 · 미디어기업 학지사

간호보건의학출판 **학지사메디컬** www.hakjisamd.co.kr
심리검사연구소 **인싸이트** www.inpsyt.co.kr
학술논문서비스 **뉴논문** www.newnonmun.com
원격교육연수원 **카운피아** www.counpia.com